AF136572

Paul Kahnt

Gedankenkreis der Sentenzen in Jodelle's und Garnier's Tragödien

Paul Kahnt

Gedankenkreis der Sentenzen in Jodelle's und Garnier's Tragödien

ISBN/EAN: 9783743314818

Hergestellt in Europa, USA, Kanada, Australien, Japan

Cover: Foto ©Thomas Meinert / pixelio.de

Manufactured and distributed by brebook publishing software
(www.brebook.com)

Paul Kahnt

Gedankenkreis der Sentenzen in Jodelle's und Garnier's Tragödien

USGABEN UND ABHANDLUNGEN

AUS DEM GEBIETE DER

ROMANISCHEN PHILOLOGIE.

VERÖFFENTLICHT VON E. STENGEL.

LXVI.

GEDANKENKREIS

DER

ENZEN IN JODELLE'S UND GARNIER'S TRAGÖDIEN UND SENECA'S EINFLUSS AUF DENSELBEN.

VON

PAUL KAHNT.

Marburg.

N. G. Elwert'sche Verlags-Buchhandlung.

1887.

Früher erschienen:

AUSGABEN UND ABHANDLUNGEN

AUS DEM GEBIETE DER

ROMANISCHEN PHILOLOGIE.

VERÖFFENTLICHT VON E. STENGEL.

LXVI.

GEDANKENKREIS

DER

SENTENZEN IN JODELLE'S UND GARNIER'S TRAGÖDIEN UND SENECA'S EINFLUSS AUF DENSELBEN.

VON

PAUL KAHNT.

.

Marburg.

N. G. Elwert'sche Verlags-Buchhandlung.

1887.

Vorbemerkung.

Vorliegender Untersuchung wurden folgende Ausgaben zu Grunde gelegt:

Seneca, Ausgabe von Richter und Peiper (Teubneriana). — Jodelle, A. v. Viollet le Duc (Ancien Théatre Français). — Garnier, A. v. Förster (Französische Neudrucke). — Montchrestien, A. v. 1604 (Arsenalbibliothek 9709 B, L.) — Hardy, A. v. Stengel. — Corneille, A. v. Marty-Laveaux (Grands Ecrivains).

Benutzt wurden:

Ebert, Entwicklungsgeschichte der französischen Tragödie; Teuffel, Römische Litteraturgeschichte; Lotheissen, Geschichte der französischen Litteratur; Ueberweg's Grundriss der Geschichte der Philosophie 6. Aufl.; Ranke, Französische Geschichte, Bd. 1 u. 4 und Lessings Hamburger Dramaturgie. Nachgelesen wurden die Arbeiten von Lombard (Etude sur A. Hardy, Zts. f. neufranzösische Sprache und Litteratur I); Nagel (Hardy's Einfluss auf Corneille, Ausgaben und Abhandlungen XXVIII) uud Heine (Corneille's Médée, Französische Studien I).

Abkürzungen:

S. = Seneca.
J. = Jodelle.
G. = Garnier.
H. F. = Hercules furens.
Th. = Thyestes.
Ph. = Phaedra.
Oed. = Oedipifragm.
Phoen. = Phoenissarumfragm.
Oe. = Oedipus.
Tr. = Troades.
M. = Medea.
Ag. = Agamemno.

H. O. = Hercules Octaevus.
O. = Octavia.
Cl. = Cléopatre.
D. = Didon.
P. = Porcie.
C. = Cornélie.
A. = Marc Antoine.
H. = Hippolyte.
Tr. = Troades.
Ae. = Antigone.
J. = Juives.

V. = Vers; S. = Seite; Z. = Zeile.

Zahlen ohne weitere Bezeichnung oder nur mit der Abbreviatur von Dichter und Drama oder mit No. bezeichnet, geben immer die Nummer der Stoffsammlung an.

Einleitung.

Ebert's Entwicklungsgeschichte der französischen Tragödie behandelt die Vorgänger Corneille's als Dramatiker. Die vorliegende Arbeit versucht einige dieser Vorgänger als Denker ins Auge zu fassen und ihren Gedankenkreis und die Beziehungen desselben zu Seneca festzustellen. Ein kurzer Ueberblick über das, was Ebert gesagt hat, wäre vielleicht die naturgemässeste Einleitung dazu gewesen. Indessen sehe ich nicht ein, wozu ich wiederholen soll, was bereits so vortrefflich gesagt ist. Ich verweise deshalb jeden, der einen solchen Ueberblick hier erwartet, auf Eberts Werk selbst und begnüge mich für die Einleitung mit Bemerkungen über die Sentenz bei Corneille und seinen Vorgängern.

Unter Sentenz verstehe ich einen Gedanken, der durch einen unabhängigen Behauptungssatz ausgedrückt ist und sich auf allgemein menschliche Verhältnisse bezieht. Die Sentenz muss also 1) unabhängig sein α) der Form nach, d. h. sie muss ein Hauptsatz und zwar ein Behauptungssatz (nicht etwa ein Fragesatz) sein; β) dem Inhalte nach: die Sentenz muss einen vom umstehenden Texte völlig unabhängigen Sinn haben. Die Sentenz muss 2) allgemein menschlichen Inhalts sein, d. h. sie muss sich α) auf Menschen und menschliche Verhältnisse beziehen und zwar β) auf allgemeine, d. h. solche Verhältnisse, die es zu allen Zeiten und in allen Ländern giebt oder geben kann [1]).

---

1) Gedanken, welche diesen Bedingungen nicht entsprachen (z. B. Gedanken in Relativsätzen), benutzte ich ausnahmsweise, wenn sie für die Untersuchung von besonderer Wichtigkeit waren. Sie wurden bei Aufführung des Stoffes mit einem Sternchen (*) versehn.

Ich wiederhole, dass die nachfolgenden Zeilen nur Bemerkungen sein sollen. Diese kleine Einleitung will nirgends methodisch untersuchen und feststellen, sie will nur andeuten, aufmerksam machen, vorbereiten.

Der Einfluss Seneca's [1]) auf Corneille's Médée ist bekannt [2]). Er erstreckt sich auch auf die Sentenzen. Einzelne Sentenzen der Medea hat Corneille einfach übersetzt. z. B. Medea V. 503: »cui prodest scelus, is fecit« mit »Celuy-là fait le crime à qui le crime sert« (Médée V. 860)[3]). Zuweilen deuten auch Sentenzen anderer Dramen Corneille's auf Seneca hin. So erinnert der bedenkliche Grundsatz der Arsinoe (*»il n'est fourbe ni crime Qu'un trône acquis par là ne rende légitime, Nicomède V. 291, 292), dessen Ranke bei Besprechung der Werke Corneille's gedenkt (Französische Geschichte 4. Band), unwillkührlich an Seneca. Ph. V. 169: »honesta quaedam scelera successus facit«. Auch die macchiavellistischen Sophismen, die Lessing der Cléopatre vorwirft [4]) (Hamburger Dramaturgie 30. Stück) sind ganz aus Seneca's Geiste heraus geschrieben.

Mancher Gedanke ist vielleicht durch Vermittlung Hardy's und Garnier's aus Seneca in Corneille übergegangen. Man vergleiche Corneille, Cid V. 1001,2: »Jamais nous ne goutons de parfaite allégresse, Nos plus heureux succès sont mêlées de tristesse« mit Hardy, Alexandre, V. 731 ff.: »Fortune ses faveurs contrepoise tousjourz De quelque accidents qui traversent nos jours, Son miel se distribue égal en amertume«; und erinnere sich dabei an die Klagen welche Garnier (im Anschluss an

---

1) Unter Seneca verstehe ich nur die Tragödien Seneca's.
2) Einiges darüber findet man bei Heine.
3) Weitere Beispiele bei Marty-Laveaux, Ausgabe Corneille's in d. Grands Ecrivains, in den Anmerkungen.
4) Besonders erinnert Rodogune 1523,24: »Qui se venge à demi court lui-même à sa peine; Il faut ou condamner ou couronner sa haine« an Seneca Ag. V. 150: »res est profecto stulta nequitiae modus« und Th. V. 1056: »sceleri modus debetur, ubi facias, non ubi reponas«; noch mehr aber Rodogune V. 1534: »Il est doux de périr après ses ennemis« an Seneca H. O. V. 353: »felix jacet quicunque quos odit premit«.

1*

Seneca) über die Vergänglichkeit alles irdischen Glückes erhebt
(cf. § 11, 8, 9, 10; § 12b, 2). Dennoch mögen von Seneca
direkt oder indirekt beeinflusste Sentenzen bei Corneille nicht
grade zahlreich sein. Häufiger kommen sie bei seinem Vorgänger Hardy vor. Und zwar scheint dieser nicht unmittelbar
aus Seneca zu schöpfen, sondern aus Garnier. Dafür sprechen
Stellen wie folgende:

Hardy Panthée V. 1079: Mille et mille chemins en l'Achéron nous rendent,
    Et malgré leur vouloir tous les hommes y tendent.
Garnier Ae. V. 153, 154: Mille et mille chemins au creux Achéron tendent,
    Et tous hommes mortels, quand leur plaist, y descendent.
Seneca Oed. V. 153: mille ad hanc aditus patent.
Ferner Panthée V. 188, 89: Domter ses passions
    Vaut plus que debeller cent mille nations.
Garnier, J. V. 1017, 18: C'est plus de se domter, domter ses passions
    Que commander Monarque à mille nations.
Seneca, Th. V. 344. 348. 349: regem non faciunt opes,
    rex est qui posuit metus
    et diri mala pectoris. (?)
Ferner: Hardy, Alexandre V. 258: La plus heureuse mort est la mort
                                    moins prevue.
Garnier C. V. 1453 ff.: La mort qu'on ne prevoit ....
    Me semble la plus douce.
Seneca Tr. V. 879: optanda mors est sine metu mortis mori.

Auch Montchrestien schliesst sich an Garnier an, obwol
nicht ausgeschlossen ist, dass er auch Seneca benutzt hat.
Lange Sentenzenstreite, ganz in Garnier's Geiste gehalten (z. B.
S. 85), Chöre, die fast nur aus Sentenzen bestehn, und deren
Inhalt häufig an Garnier erinnert[1]), kennzeichnen ihn sofort
als Garnier's Schüler.

Aehnlich wie die einzelnen Gedanken lassen sich auch ganze
Sentenzengruppen von Corneille aus über Hardy bis auf Garnier
und Seneca verfolgen, so die Sentenzengruppe, die sich mit

---

1) Man vergleiche z. B. Sophonisbe S. 156: »Tousjours l'Esté chaleureux
Ne fait crevasser la terre, Toute beante de creux; Tousjours l'Hiver
froidureux Ne pave les flots de verre; Aprés la fueille la fleur, Aprés
l'epine la rose, Aprés malheur le bonheur« mit Garnier C. V. 351-354:
»Aprés l'Hyver glacé le beau Printemps fleuronne, L'Esté vient aprés,
aprés l'Esté l'Autonne, Et jamais constamment l'influence des cieux
Soit bonheur, soit malheur ne verse en mesmes lieux«.

dem Könige beschäftigt. Corneille's Gedanken über den König
sind etwas absolutistisch angehaucht: Der König und seine
Diener sind über die Gesetze erhaben (Médée V. 539, 40; Horace
V. 1753. 4); keinem ist der König zu Dank verpflichtet (Pompée
V. 104 ff.); niemand darf nach dem Grunde seiner Wünsche
forschen (Cid V. 163). Auch bei Garnier und Seneca werden
ganz ähnliche Grundsätze entwickelt (No. 493, 592, 524, 574,
576); cf. ebenso Hardy Mariamne V. 477. Natürlich vermeidet
Corneille die tolle Tyrannenlogik Seneca's (§ 16), welche schon
Garnier vielfach milderte oder ganz bei Seite schob. Nur zuweilen erlaubt er sich eine Sentenz über den Tyrannen. So
behauptet die »liebäugelnde Intrigantin« Emilie im Cinna: »La
perfidie est noble envers la tyrannie« (V. 974), und ihre Tante
Fulvia meint im Hinblick auf Augustus: »Qui vit haï de tous ne
sauroit longtemps vivre« (V. 94). Diese beiden Gedanken mögen
dürftige Nachkommen der donnernden Sentenzenphilippiken sein,
die einst Garnier (nach Senec.'s Muster) gegen den Tyrannen
schleuderte (cf. § 11, 38-44; § 25). Ebenso scheint die politische
Disputation zwischen Auguste, Cinna und Maxime (Cinna II, 1)
nur ein Nachklang des alten Seneca-Garnierschen Sentenzenstreites über die Pflichten des Königs zu sein.

Eine andere Gedankengruppe Corneille's handelt über die
Ehre und die edle Seele (»âme généreuse Cinna« V. 873 »grand
coeur Horace« V. 17, »belle âme« Cid V. 94, Horace V. 1392).
Der edlen Seele ist Liebe nur ein Vergnügen, Ehre eine Pflicht
(Cid V. 1059); nichts erkauft sie auf Kosten der Ehre (Cinna
V. 969), verschmäht die Entschuldigung (Cid V. 844) und weist
auch verdientes Lob zurück (Médée V. 1079). Auch Hardy
spricht schon von »grands coeurs« (Mariamne V. 1337) und
»gens d'honneur« (Mort de Daïre V. 615), ebenso Montchrestien,
der S. 223 sogar von der unsterblichen Ehre redet, welche die
edlen Seelen im Himmel geniessen. Die ersten Spuren dieses
Ehrkultus finden sich bei Garnier (cf. § 26). Aus Seneca hat
er die Anregung dazu kaum geschöpft; vielleicht ist sie auf
spanische Einflüsse zurück zu führen.

Wie hier das erste Auftauchen und Wachsen eines Gedanken-kreises so lässt sich auch die Zersetzung eines andern beobachten. Bei Seneca, Jodelle und Garnier füllen Gedanken über das Fatum eine grosse Menge Sentenzen aus (cf. § 11,1-6; § 13,1; § 20): aber schon Garnier und Jodelle, ja Seneca selbst nehmen trotz dieser absoluten Abhängigkeit alles Irdischen eine Willens-freiheit an (§ 20), jedenfalls ohne zu ahnen in welchen Wider-spruch sie dadurch mit sich selber kommen. Bei Montchrestien und Hardy finden sich neben durchaus fatalistischen Gedanken (Montchrestien S. 210; Hardy Panthée V. 817) bereits einzelne Sentenzen, welche die absolute Bestimmung alles Irdischen direkt bezweifeln (Montchrestien S. 207; Hardy, Didon V. 1523 ff.) Hardy stellt sogar die beiden entgegengesetzten Meinungen: »das Schicksal ist unentrinnbar« — »Wir können ihm wol ent-fliehn sobald wir's kennen« in einem Sentenzenstreite (Hardy, Aristoclée V. 1095 ff.) einander als gleichberechtigt gegenüber. Und grade durch den Sieg der fatalistischen Ansicht und die daraus entspringende Unthätigkeit wird die Katastrophe hervor-gerufen. Hardy scheint also gegen den Fatalismus Partei zu nehmen. Auch kommen Gedanken über das Fatum bei ihm verhältnismässig seltener vor als bei Garnier. In Corneille's Dramen finden sich kaum noch spärliche Reste dieses einst so blühenden Sentenzengeschlechtes. Was sollte auch am Hofe Richelieu's der Gedanke vom unerbittlichen und ewig wandel-baren Schicksal, dem alle Menschen, vor allem aber die Grossen und Fürsten unterworfen sind? Das war in den wechselvollen Tagen der Bürgerkriege, als die Calvinistische Idee der Prä-destination noch viele Gemüter beherrschte, ein zeitgemässer Gedanke; aber es schien ein überwundner Standpunkt zu sein in den Zeiten der allmächtigen Kardinäle, welche den Sieg des absoluten Königtums und des Katholizismus endgiltig entschieden.

Die vorstehenden wenigen Bemerkungen deuten darauf hin, dass Seneca die Gedanken der französischen Tragödie bis Corneille teils direkt, teils indirekt beeinflusst hat. Und der Ausgangspunkt für den mittelbaren Einfluss Seneca's scheint

Garnier zu sein. Garnier's Gedankenkreis und seine Beziehung zu Seneca muss also zunächst bestimmt werden. Diese Aufgabe versucht die vorliegende Arbeit zu lösen. Jodelle durfte dabei nicht aus den Augen gelassen werden. Vielleicht stand er gar in einem ähnlichen Verhältnis zu Garnier wie dieser zu Hardy! (Diese Annahme wird sich freilich sehr bald als irrig erweisen). Die Untersuchung wird also den Gedankenkreis beider Dichter in Betracht ziehen. Nach einer kurzen Erörterung einiger formeller Punkte wird sie feststellen, welche Sentenzen Seneca's übersetzt wurden und welche Gedanken dem lateinischen Poeten und den beiden Franzosen gemeinsam sind. Aus diesen Gedanken werde ich dann auf gewisse gemeinschaftliche Vorstellungen von Welt und Leben schliessen. Hierauf werde ich die Unterschiede der Franzosen von Seneca so wie unter sich darlegen. Dieser Teil der Arbeit soll wesentlich die beiden modernen Dichter charakterisieren. Seneca kommt dabei nur in Betracht, wenn er zu dieser Charakterisierung beiträgt. (Ueberhaupt hat Seneca für mich nur Interesse, sofern er von Jodelle und Garnier benutzt wird oder nicht. Mich kümmert nirgends Seneca der Dichter, sondern nur Seneca das Buch [1]). Im Schlusse werde ich dann die Resultate der Untersuchung zusammenfassen, Jodelle und Garnier einem kurzen Vergleiche unterziehn und dabei versuchen aus ihrem Gedankenkreise auf ihre geistige Individualität zu schliessen. Vielleicht bin ich hierbei etwas zu weit gegangen, habe zu keck gefolgert, zu voreilig Schlüsse gezogen; aber — wer nicht den Mut hat zu irren, findet nichts Neues.

---

1) Welche Dramen Seneca's echt oder unecht sind, ist also eine Frage, die meine Untersuchung nicht im Geringsten berührt.

Erster Teil der Abhandlung.

Formelles.

§ 1. Der formelle Teil der Abhandlung untersucht nicht die stilistische Form der Sentenz, sondern ihre Stellung in der Technik des Drama's. Er soll eine Art Einleitung zum zweiten Teile bilden und steht mit demselben in engster Beziehung. Drei Hauptpunkte sind zu untersuchen:

α) Das Vorkommen der Sentenz.

β) Die Stellung der Sentenz in Rede, Chor und Akt.

γ) Die Beziehung der Sentenz zu ihrem Träger.

Die Untersuchung α) ob überhaupt bei den betreffenden Poeten Sentenzen vorkommen, wie oft und wo sie erscheinen, musste jeder andern Untersuchung vorausgehn.

Die Untersuchung β) schien mir nützlich, weil Stellung der Sentenz in Akt und Rede ein wichtiges Kriterium für den zweiten Teil bilden wird.

Die Untersuchung γ) nahm ich vor, um zu wissen, ob die Dichter mittels ihrer Sentenzen charakterisieren können und wollen. Charakterisieren sie nicht, so hatte bei Konstruirung ihres Gedankenkreises jede Sentenz gleichen Wert; andernfalls musste ich eine Scheidung vornehmen und bei sich widersprechenden Sentenzen denen des Helden mehr Bedeutung zumessen als denen eines Dieners oder einer Confidente.

Auch schienen diese drei Untersuchungen mir die wichtigsten Fragen formeller Art zu behandeln. Die Länge hätte ich vielleicht noch erwähnen sollen; doch lässt sich über diese etwas Sicheres nicht leicht sagen. Denn hatte ich z. B. folgende Sentenz:

»Ainsi que le ciel est regi d'un seul maistre,
D'un seul maistre regi ce bas monde doit estre.
Deux compagnons ensemble en mesme pouvoir
Ne se peuvent souffrir, ny faire leur devoir;
Tousjours sont en querelle, et jalousie en haine
Et ce pendant le peuple en porte seul la peine«.

so besteht dieselbe aus einem vierzeiligen und einem zweizeiligen, dem Sinne nach unabhängigen Satze; sie besteht aber
auch aus vier einzelnen Gedanken. Wessen Länge soll ich nun
angeben? Die Länge des ganzen Satzkomplexes? Des zu-
sammenhängenden Satzes? Des einzelnen Gedanken? Diese
Unsicherheit bewog mich auch das Vorkommen der Sentenzen
nach den Verszeilen zu berechnen, die von ihnen ausgefüllt
werden.

α. Vorkommen der Sentenzen.

§ 2. Das Vorkommen der Sentenzen veranschaulicht unten-
stehende Tabelle [1]) und zwar giebt an Zahlenreihe I wie viel
überhaupt, II wie viel % Verszeilen von Sentenzen ausgefüllt
werden, III wie viel % aller Verszeilen, IV wie viel ^{0,0} Chor-
zeilen von Chorsentenzen ausgefüllt werden.

	I.	II.	III.	IV.
HF	90	7 %	4 %	18%
Th	120	11 %	7 %	20%
Ph	115	9 %	3 %	18%
Oe	50	4 %	2 %	8%
Tr	65	5,5%	2 %	16%
M	40	4 %	1,5%	6%
Ag	110	11 %	7 %	20%
Oct	70	7 %	2 %	6%
für Seneca im Mittel:		7 %	3,5%	17%
Cl	300	20%	16%	45%
D	320	13%	5%	40%
P	180	9,5%	6,5%	30%
C	200	10 %	4 %	21%
A	300	15 %	7 %	30%
H	260	11 %	3,5%	20%
Tr	150	7 %	4,5%	20%
Ae	180	7 %	3 %	14%
J	180	10 %	4 %	20%
für Garnier im Mittel:		10%	5%	22%

1) Die Zahlen machen natürlich auf absolute Genauigkeit keinen
Anspruch. Die Tabelle soll nur ein leicht übersichtliches Bild des Sach-
verhaltes geben.

Aus der Tabelle ergibt sich:

1) Jodelle's und Garnier's Dramen sind reicher an Sentenzen als die Seneca's. Jodelle hat mehr als doppelt so viel.

2) Besonders sentenzenreich sind die Chöre, namentlich die Jodelle's. Die Chöre der Cl. werden beinahe zur Hälfte von Sentenzen ausgefüllt.

3) Die Erstlingsdramen der französischen Dichter Cl. und P. unterscheiden sich dadurch von den unmittelbar auf sie folgenden Tragödien, dass die Mehrzahl ihrer Sentenzen in den Chören steht.

4) In der P. fällt dieser Reichtum besonders auf, da die Chöre der Oct., die man doch für das Muster der P. hält, arm an Sentenzen sind.

5) Im Durchschnitt stehn bei S. und G. die Hälfte, bei J. zwei Drittel sämtlicher Sentenzen im Chor. Doch ist das Verhältnis zwischen der Anzahl der Chorsentenzen und Nichtchorsentenzen schwankend.

6) Die Anzahl der Sentenzen wächst in den ersten drei Dramen Garniers von Stück zu Stück; sobald er sich in H. näher an S. anschliesst, sinken sämtliche Prozentsätze.

7) Garnier schliesst sich in jeder Beziehung näher an Seneca an als Jodelle.

β. Stellung der Sentenz in Chor, Akt und Rede.
(Der Sentenzenstreit).

§. 3. Die Stellung der Sentenz in Chor und Rede ist bei Seneca und den beiden Franzosen ziemlich willkührlich. Bald stehn sie am Anfang des Chorgesangs S. 63-68; 218; 387; J. 202; 419; 439; G. 91; 219; 252 [1]); bald zwischen lyrischen Parthieen S. 452; 827; J. 130; G. 96; 714; seltener am Ende S. 427; 842; J, 29, 147; G. 69a; 590; weil das Ende des Chorgesanges meist einen Hinweis auf eine eintretende Person, auf

---

1) Ich führe hier ausnahmsweise nicht alle Belegstellen an, weil dieser Teil (§ 3) der Abhandlung für die Hauptuntersuchung keine weitere Bedeutung hat.

das Schicksal des Helden oder dergl. enthält. Gern wird aber
die Sentenz gleichsam als Schlusseffekt am Ende der Rede verwandt, besonders von Garnier: S. 335; 474; J. 133; 360;
G. 460; 582; 806.

Zuweilen schliesst auch ein Akt mit einer Sentenz Cl II mit
926; D I mit 288; II mit 857; C I mit 496; II mit 236; A I mit
856; II mit 280; II III mit 901. Didon endigt überhaupt mit
einer Sentenz: Kein Sterblicher vermag sich der Strafe zu ent-
ziehn und oft vermählt die Liebe uns mit dem Tode (865);
und 188: Oft machen unsre Leiden den Tod begehrenswert,
ist der vorletzte Vers der Cléopatre. Diese beiden Sentenzen
machen durchaus den Eindruck einer Schlussmoral, die aus
dem Stücke gezogen wird.

§ 4. Der Sentenzenstreit. Besonders häufig wird eine
Sentenz als kurze schlagende Antwort verwendet. Oft erwidert
dann eine zweite Sentenz der ersten, eine dritte der zweiten
u. s. f., und es entsteht ein förmlicher Sentenzenstreit. Bei S.
sind diese Sentenzenstreite besonders in der Oct. ausgebildet,
cf. Oct. II: 483; 484; 485; 486 ... 108, 722a; 722b; 525; 526;
527; 528; 529; 530; 531 ¹) — und ferner: 533; 534; 535; 536;
537; 538; 539; 540; 541; 542; 543. — Sentenzenstreite kommen
aber auch in andern Dramen des S. vor, z. B. Th III: 517;
518; 519 — Th II: 571: 606 .. 737; 520; 521; 522; 523; 524.
Phoen: 597; 598; 599; 600, 601; 610; — Tr: 514; 681; 682;
683; 684. — H.O: 799; 780; 782; 783; — Noch häufiger sind
Ansätze zu Sentenzenstreiten, Häufungen von Sentenzen als kurzen
schlagenden Antworten, die aber von Nichtsentenzen unter-
brochen werden.

Jodelle und Garnier haben folgende Sentenzenstreite: D: 15;
859; 747;... 80; 81; 471 .... 755, 6; — P II: 713; 236; 712;

___

1) Komma zwischen zwei Zahlen bedeutet, dass die zweite Sentenz
von demselben Redner der ersten unmittelbar angereiht wird, Semikolon
bedeutet Wechsel der Redner; Punkte Unterbrechung des Sentenzenstreites durch Nicht-Sentenzen.

701. — P II: 713; 236; 712; 701. — P IV: 708; 514; 51.
546; 547 ... 611; 612. — C II: 333; 338; 339; 340; 342; 31
335; 667; 356 ... 216 .. 229. — C IV: 703,4; 743; 357;
164,165; 62; 58 ... 643,644; 392; 935; 393. — A II: 560
561; 562; 563; 564; 565; 566; 567; 568; 569; 570a; 570b.
H II: 22a; 22b; 23a; 23b; 876; 877; 878; 879; 880; 881.
H IV: 940; 906; 905 ... 194; 195; 196. — Tr II: 187 ... 68;
686; 687; 688. — Ae IV: 959; 960; 501; 502. — J II: 369
370; 372; 375; 234; 189. — J III: 548; 549; 550; 551; 552
553; 554; 555 .... 572; 536; 556; 557; 558; 559 573
574; 575; 576.

Aus dieser Uebersicht folgt:

1) Dass bei Garnier der Sentenzenstreit häufiger und länge
als bei Seneca, bei Jodelle aber seltener ist.

2) Dass der Haupttummelplatz des Sentenzenstreites de
zweite Akt ist; häufig findet sich ein kleinerer im vierten ode
auch im dritten Akte.

Anm. 1. Die ausgebildeten Sentenzenstreite der Oct. sprechen alle
dings für die Annahme, dass Garnier gerade die Oct. als Muster seine
Erstlingsdramen benutzte, zumal auch der Inhalt ihrer Sentenzenreihe
bei Garnier wiederkehrt.

Anm. 2. Auffällig ist, dass die Cl. gar keinen Sentenzenstreit ha'
und dass in der D. der Chor der eine Träger des Sentenzenstreites is!
was bei S. nie vorkommt.

γ. Die Träger der Sentenz.

§ 5. Sentenzen werden von S., J. und G. jeder Persor
unterschiedslos in den Mund gelegt; nur der Bote enthält sic!
fast gänzlich derselben. Im Th. belehrt ein *satelles* den Atreu
über die Pflichten des Königs (606, 737, 520-524); besonder-
aber zeichnen schon bei S. die Ammen sich durch ihre philo-
sophische Bildung aus. Ammen kommen vor in M., Ph., Ag
H. O. und Oct., und vertreten dort die Stelle einer *confidente*

Die Ammen der Medea und Octavia geben meist Regeln
der Klugheit und Erfahrung: »Der Zeit muss man sich fügen«
(918); »Feuer der ersten Liebe ist vergänglich« (872); »Gefährlich

Mächtige anzugreifen« (588). Die Amme der Phädra
vird moralisch. Sie hält eine grosse Rede über die Ver-
eil der Grossen (438) und ihre unnatürlichen Lüste (894),
zweifelt die Existenz des Liebesgottes Amor (834) und
die Mittel an die Liebe zu bekämpfen (870). Und mit
den Beredsamkeit, mit der sie die Liebe in Phädra be-
te, sucht sie später den Hippolyt zur Liebe zu entflammen.
richt von der Macht der Liebe (844), preisst sie als die
, welche allein die Menschheit erhält (832), und ermahnt
Hippolyt die rasch verrinnenden Freuden der Jugend zu
sen (274,5; 911). Auch sonst macht diese Amme tiefsinnige
rkungen:»Gesund sein wollen ist halbe Gesundheit« (956),
cht, nicht Zufall, macht unkeusch« (900); zuweilen aber
sich ihre Moral von einer höchst bedenklichen Seite:
»Verbrechen muss mit Verbrechen umhüllt werden«; 794:
irchtetem Angriff muss man zuvorkommen«; 577,8:»Schwer
in befohlnes Verbrechen zu wagen, doch wer Königen
, der möge Scham und Gerechtigkeit fahren lassen«.
ner, aber nicht weniger philosophisch sind die Bemerkungen
Amme in Ag. und H. O.:»Böse ist nur, wer es mit Absicht
(778,9).»Wer Verbrechen mit Verbrechen umhüllt, ver-
rt, was er fürchtet« (793).»Reue macht beinahe unschuldig«
).»Oft bringt ein Kind der Gattin des Gatten verlorne
e zurück« (910).»Verbotenes liebt man und verschmäht
Erlaubte« (893).
Jodelle lässt Ammen und Kammermädchen nur selten
enzen sagen (24, 28, 156, 387, 865). Sie handeln über die
cht, über die Götter, über Träume, Liebe und Tod. Nur
i von ihnen erscheinen im Munde einer Amme unnatürlich [1]).
:»Erst im Sarge ist der Mensch glücklich« und 865:»Kein
ender vermag der Strafe zu entfliehn, und oft vermählt die
e uns mit dem Tode«.

---

1) Unnatürlich dem Inhalte nach; denn die Form der Sentenzen
mt für mich nicht in Betracht.

Dagegen überbieten Garnier's Kammermädchen und Ammen an Weisheit ihre Kolleginnen bei Seneca. Sie sprechen nicht nur über Liebe (873; 876; 878; 880; 895,6; 901); über die Götter (34; 43; 46), über die Bösen, sondern sie reden auch über die Ruhe des Weisen (459), über Unrechtleiden und Unrechtthun (734), über Pflicht (724-726), über die Nichtigkeit der öffentlichen Meinung (930), über das Glück fürs Vaterland zu sterben (712, 13); sie behaupten, dass Weinen den Schmerz nicht lindere (312, 315), dass Furcht in tapfern Herzen nie Platz greife (390), und dass alles Irdische vorherbestimmt und unabänderlich sei (71).

Aus dieser Untersuchung folgt also: Die Dichter charakterisieren nicht mittels ihrer Sentenzen. Jeder ihrer Gedanken hat für die Hauptuntersuchung gleichen Wert.

Zweiter Teil der Abhandlung.

Der Gedankenkreis Jodelle's und Garnier's und Seneca's Einfluss auf denselben.

(Inhalt der Sentenzen).

1. Abschnitt.

Der Einfluss Seneca's auf Garnier's und Jodelle's Gedankenkreis.

(Gemeinsame Sentenzen).

Die Untersuchung α des formellen Teils ergab folgendes für den Gang der Untersuchung wichtige Resultat: Viel entschiedener als Jodelle schliesst sich Garnier an Seneca an (cf. α 7), besonders in II., Tr., Ae. (cf. α 5). Die Sentenzen dieser drei Dramen werde ich also zunächst untersuchen, dann auf Garnier im Allgemeinen und endlich auf Jodelle übergehn.

a. **Voruntersuchung.**

§ 6. Von den Sentenzen in Garnier's II., Tr., Ac. entsprechen eine Anzahl durch Inhalt und Stellung in Rede (bezw. Chore) und Akt genau einer Sentenz in demjenigen Drama des Seneca, das G. vermutlich teilweis übersetzte.

Es sind folgende: 182 (180) [1]); 187 (186); 204 (203); 206 (205); 208 (207); 211 (210); 246, Zeile 1-8 (240); 277,8 (274,5); 309 (308); 325-331 (318-324); 336 (335); 353,4 (348,9); 380 (379); 407 (400); 437 (436); 470 (469); 477 (476); 677 (676); 685-688 (681-684); 694, 5 (691, 3); 717 (716); 733 (732); 786 (778); 795 (794); 806 (805); 840 (833); 845 (844); 895, 6 (894); 901 (900); 905 (904); 913 (912); 920 (919); 922 (921); 930 (929); 940 (939); 945 (944); 957 (956).

Sicher lässt sich nun annehmen, dass den Garnier'schen Sentenzen die betreffenden des Seneca zu Grunde liegen. An ihnen können wir also untersuchen, wie weit sich Garnier in Bezug auf die Form seiner Sentenzen an Seneca anschliesst.

Garnier's Sentenzen pflegen immer eine oder mehrere ganze Verszeilen auszufüllen. Auch Seneca's Sentenzen umfassen meist einen oder mehrere ganze Verse. Nun bot aber zur Uebertragung eines lateinischen Trimeters ein einzelner Alexandriner zu wenig Raum [2]), ein Alexandrinerpaar jedoch zu viel. Garnier musste entweder also kürzen oder dehnen, und letzteres zog er meist vor. Er übersetzt einzeilige Sentenzen mit einzeiligen in: 187 (186); 380 (379); 4, 37 (4,36); 470 (469); 687 (683); 688 (684) mit zweizeiligen in: 181 (180); 208 (207); 289 (286); 477 (476); 685 (681); 686 (682); 795 (794); 806 (805); 905 (904); 913 (912); 945 (944). Von den mehrzeiligen Sentenzen haben gleichviel Zeilen bei G. und S.: 325a (318a); 326 (319); 328 (321); 336 (335); 353 (348); 930 (929), haben die Garnier's doppelt so viel als S. in: 204, 209, 204a (203); 325b (318b); 327b (320b); 330 (323); 677 (676); 717 (716); 733 (732); 920 (919).

---

1) In Klammern stehn die entsprechenden Sentenzen des Seneca.

2) Aus einem doppelten Grunde: Zunächst muss natürlich das analytische Französisch mehr Worte machen, als das synthetische Lateinisch. Dazu kommt noch, dass grade in seinen Sentenzen Seneca nach möglichst pointierter Knappheit strebt. Auch hierin scheint er nicht ohne Einfluss auf Corneille geblieben zu sein.

16

§ 7. Will Garnier kürzen, so lässt er Worte oder Sätze weg, z. B. »saepe« 187 (186); »aut poenam inpedit« 685 (681 Z. 1); »violenta nemo imperia continuit diu, moderata durant; quoque fortuna altius evexit et levavit humanas opes, hoc se magis supprimere felicem decet« 694 (692); cf. ferner 328 (321), 326 (319); oder vereinfacht den Ausdruck, z. B. »removete multo divites auro: ostez les riches« 328 Z. 2 (321 Z. 1); »luctus lacrimaeque: douleur« 325b (318b), cf. ferner 325a (318a), 336 (335). Zuweilen erhält die Bedeutung der Sentenz durch solche Veränderungen eine leise Schattierung. S.: »Grosses Unglück freut sich nicht allein zu leiden« (319). G.: »Grosses Unglück wünscht Genossen« (326). Zuweilen ändert G. die Form vollständig, während der Inhalt derselbe bleibt. S.: »imperia pretio quolibet constant bene«; G.: »nul n'achette trop cher qui un royaume achette« 470 (469).

Will Garnier dehnen, so fügt er Worte, auch Nebensätze und Hauptsätze hinzu; diese Erweiterungen dienen oft dazu den Reim herzustellen, z. B.: »d'un bienheureux« [1]) 329 (322); »maintefois« 686 Z. 1 (683); »de soy mesme heritier« 717 (716); »estre faict par autruy« 806 (805); »et donne moins d'esmoy 182 (181); »qu'il ne meure« 206 (205); cf. ferner: 204 (203); 206 (205); 278 (275); 477 Z. 1 (476); 677 (676); 920 (919); 945 (944). Oft wählt er breitere Ausdrücke; auch hierzu wird er nicht selten durch den Reim veranlasst, z. B.: »optima mors est: la mort est moins à craindre« 182 (181); »ad hanc (d. h. mortem): au creux Achéron« 204 (203); »periturum: celuy qui de mourir a constant entrepris« 206 Z. 1 (205); »lex: l'honneur et le devoir« 686 Z. 1 (682); »capto: les haineux de sa natale terre« 686 Z. 2 (682). cf. ferner: 182 (181); 204 Z. 1 (203); 325 (318); 328 (321); 717 (716); 733 (732); 795 (794).

Die Form wird völlig geändert: 905 (904); 901 (900); 913 (912). Die Bedeutung der Sentenz erhält eine leise Schattierung

---

1) Gesperrt gedruckte Worte stehen im Reime.

durch obenstehende Zusätze in folgenden Fällen: S. »Niemand wird böse durch das Schicksal« (778). — G.: »Niemand ist ohne Absicht böse« (786). — S.: »Wer ein Verbrechen, das er hindern kann, nicht hindert, befiehlt es zu thun«. — G.: »ist ebenso schuldig als der, welcher es begeht« 806 (805). — S.: »Eine keusche Frau scheut auch die Ohren ihres Gatten«. — G: »Eine Frau soll ihrem Gatten nichts sagen, was ihn traurig macht« 905 (904).

An einzelnen Stellen übersetzt Garnier eine einzelne Sentenz einzeilig und variiert sie dann in einem folgenden, mit dem ersten reimenden Alexandriner; z. B. S. 207; »mori volenti deesse mors numquam potest« — G. 208: »La mort jamais ne manque à ceux qui la desirent; Ses homicides arcs contre nous tousjours tirent«. Ferner in 204a (203a); 437 (436); 913 (912); 922 (921). Auch fügt er zuweilen am Ende einer mehrzeiligen Sentenz eine einzeilige oder mehrzeilige hinzu: 206 (205); 209 (203); 733 (732); 901 (900).

Aus dieser Voruntersuchung also geht zweierlei hervor:

1) Eine Sentenz Garnier's kann auf eine des Seneca zurückgehn, trotzdem sie durch Form und Länge von derselben verschieden ist.

2) α) Ein Teil einer Garnier'schen Sentenz kann auf Seneca zurückgehn, der andre nicht. β) Ein Teil einer Sentenz Seneca's kann von Garnier benutzt worden sein, während der andere nicht beachtet wurde.

Nur ein kleiner Teil der vorn angeführten Sentenzen stimmt mit Seneca teilweise wörtlich überein: H. 208 (207); 277, 78 (274, 75); 940 (939); 945 (944), 957 (956); Tr. 246 (240); 717 (716). Andere entsprechen ihren Vorbildern wenigstens insofern, als in ihnen eine Reihe gleicher Gedanken und Vorstellungen in gleicher Ordnung erscheint: H. 895, 96 (494); 920 (919); Tr. 325-331 (318-324); 336 (335); 685-688 (681-684); 806 (805); Ae. 204 (203); 211 (210). Die übrigen Sentenzen (also die meisten!) stimmen nur inhaltlich mit Seneca überein. Und treffen wir eine solche Uebereinstimmung auch der Form nach in den Uebersetzungen nur selten, so werden wir sie in den übrigen Dramen Garnier's und bei Jodelle noch seltener zu erwarten haben.

β. Uebersetzungen und Uebertragungen.

§. 8. Die mit Seneca übereinstimmenden Sentenzen J.'s und Garnier's scheiden wir nach der Voruntersuchung also:

1) in Uebersetzungen, d. h. solche Sentenzen, die sich wörtlich oder teilweis wörtlich an eine Sentenz Seneca's anschliessen, oder in denen doch wenigstens gleiche Gedanken und Vorstellungen in gleicher Ordnung erscheinen als bei Seneca.

2) in freie Uebertragungen, d. h. solche Sentenzen, die nur inhaltlich mit Seneca übereinstimmen.

Uebersetzungen fehlen bei Jodelle gänzlich und sind bei Garnier ziemlich selten. Es finden sich deren in: P. No. 69, 70 (No. 65, 66, 67, 64, 68 aus S. Oed.); 76-78 (74, 75 aus S. Ph.); 680 (679 aus S. H. F.); 423, 424 (411-413 aus S. Ph. ??). A. 219, 197, 198, 221 (228, 220 aus S. Ag.) ¹). Tr. 646 (622 aus S. H. Oe.). H. 638 (621b aus Ag. ??). Ae. 634-636 (616-619 aus S. Ag.)

Garnier hat also 1) auch in seinen Erstlingsdramen Sentenzen dem Seneca wörtlich entlehnt; 2) in seinen Uebersetzungen einzelne Sentenzen auch aus anderen Dramen Seneca's als seinen Vorlagen wörtlich herübergenommen.

Anm. Von den Uebersetzungen der Porcie stammt keine aus der Octavia.

§ 9. Der Inhalt der Sentenzen, die Garnier für wichtig genug hielt, um übersetzt zu werden, ist folgender: »Was wir Menschen auch thun und leiden, dem Schicksal ist Alles unterworfen. Unabänderlich ist sein Gesetz; es kümmert sich nicht um die Grösse des Königs, noch um die traurige Bitte des Bettlers (69). Alles Sorgen ist eitel; denn unerwartet stürzt das gefürchtete Unheil sich auf unsere Häupter« (70). »Wir empfangen bald Gutes, bald Schlimmes nach des Schicksals

---

1) 198 ist sowol von 197 als 221 durch lyrische Parthieen getrennt; bei S. ist nur 220 vom übrigen Sentenzenkomplexe abgetrennt.

Willen (76). Ueber uns waltet Fortuna, unsicheren Fusses [1]).
Blind wirft sie ihre Gaben unter die Menge, bedrückt die Guten
und erhebt Ehrgeizige und Tyrannen« (78. 79). »Wehe über
die Lust zu diesem Leben! über die Furcht vor dem Tode!
(219). Wie verächtlich ist es vom beschlossnen Selbstmord
abzustehn! (221). Nur durch die Pforten des Todes entfliehn
wir dem Kummer (197). Der Tod allein heilt alles Uebel«
(198). »Den niedern Mann verschont das Schicksal, den hohen
stürzt es hernieder (423,4), und die Könige sind Felsen, welche
der Blitz zuerst zerschmettert (423,4). Darum leben sie in be-
ständiger Furcht (634); denn keinem darf der Fürst vertrauen;
so viel ihm gehorchen, sie dienen seiner Macht, nicht ihm;
alle sind Heuchler (646). Jeder verlässt im Unglück seinen
Herrn (648); in den Palästen wohnt keine Treue« (647).
»Wenn die Kriege nicht enden, und Hass und Wut der Sterb-
lichen sich nicht legen, wird endlich Alles auf Erden vernichtet
werden« (680).

§ 10. Die Uebertragungen weisen teilweise auf einzelne,
bestimmte, teilweise auf mehrere Sentenzen Seneca's zugleich
hin. Auf einzelne weisen: J. 17 (14a). 16 (11b). 57 (56). 110, 111
(104). 121 (109?). 127,8 (109?). 251 (250). 344 (343). 376 (373a?). 890
(884); G. 59, 60 (56). 93 (102). 94 (105 Z. 2). 114 (108). 166 (160 Z. 2, 3).
169 (160 Z. 1, 2). 183 (180). 196 (218 Z. 4). 310 (308). 313 (318 Z. 3,4).
332 (322). 291 (290). 297b (296?). 363, 364 (362?). 406 (413). 428 (427).
435 (434). 467 (465). 611 (609, 10). 639 (615). 891 (834).

Von allen diesen Sentenzen lässt sich jedoch nicht beweisen,
dass sie auch wirklich auf die betreffenden lateinischen zurückgehn; in Bezug auf die Uebertragungen lässt sich überhaupt
nur feststellen, dass gewisse Gedanken den Franzosen und
Seneca gemeinsam sind. Diese gemeinsamen Gedanken werde
ich im folgenden Abschnitte aufführen.

---

1) *aux piés cellez* »mit verhüllten Füssen«, d. h. sie weiss selbst
nicht, wohin sie tritt.

γ. **Gedanken und Vorstellungen,**
welche den Franzosen und Seneca gemeinsam sind [1]).

§ 11. A. Gedanken über das Verhältnis des Menschen zum Schicksal.

I. Die Götter und das Fatum (Fortuna).

1) »Der Zorn der Götter ist vernichtend für den Menschen«. J. 17 (14a), 16 (14b). — 2) »Wenn es ja Götter giebt, so kümmern sie sich nicht um den Menschen«. J. 57; G. 59 (56). — 3) »Dem Schicksal ist alles unterworfen«. G. 69, 72, 73 (63, 65, 96, 103). — 4) »Das Schicksal ist unbeugsam«. J. 81; G. 69, 82, 83 (64, 65, 66, 67, 68, 101). — 5) »Das Schicksal ist uns unbekannt«. G. 93 (102). — 6) »Weder Klagen, noch Sorge, noch Gebet helfen gegen das Schicksal«. G. 70, 71, 83 (67, 68). — 7) »Fortuna ist blind und ungerecht«. G. 77-79 (71, 75). — 8a) »Fortuna ist wandelbar«. J. 110, 111; G. 113, 114, 115, 116, 117, 118, 151 (99, 106, 108). — 8b) »Unser Geschick ist wandelbar«. J. 112, 127; G. 119, 145b, 148 (97, 104-107, 109). — 9) »Leid und Freude wechseln, am vergänglichsten ist die Freude«. J. 121, 128, 129, 130-132, 142; G. 134 (104,5, 109). — 10) »Ueberhaupt ist nichts beständig«. J. 145,6; G. 118, 122-126, 134 (97, 106, 109).

II. Der Tod.

11) »Alle Menschen müssen sterben«. G. 162, 163, 164, 165, 166, 167, 168, 169 (159, 160, 161). — 12) »Wer einmal tot ist, kommt nicht wieder«. J. 172; G. 174, 175, 176, 177, 235 (170, 171a). — 13) »Nur der Tod endet alles Leid«. J. 193; G. 194, 196, 197, 198, 199 (218). — 14) »Unglückliche wünschen den Tod«. J. 188, 191; G. 189, 190, 192 (186). — 15) »Der Tod ist überall; wer sterben will, kann es immer«. G. 204, 206, 208,9 (203, 205, 207). — 16) »Ebenso verbrecherisch ist es zum Leben zu zwingen als zum Tode«. G. 211 (210). — 17) »Alle lieben das Leben und fürchten den Tod«. G. 219 (218). — 18) »Elend ist der, welcher nicht zu sterben weiss«. G. 221 (220). — 19) »Nach dem Tode steigt die Seele aus dem Körper«. G. 246 (240-244).

III. Das Unglück.

20) »Unglück ist immer im Gefolge des Menschen«. G. 252,3, 254 (248). — 21) »Unglück begleitet grosse Seelen«. J. 257 (255). — 22) »Wer sich selbst unglücklich macht, verdient es zu sein«. G. 277,8 (274, 276). —

---

1) Die Gedanken der Uebersetzungen sind in diesem Abschnitte noch einmal wiederholt.

23) »Not ist stärker als Freundschaft«. G. 289 (286). — 24) »Schmerz wird durch Klagen gelindert«. G. 309, 310, 311, 314 (308). — 25) »Geteilter Schmerz ist halber Schmerz; Genossen im Leide zu haben, ist des Unglücklichen Trost«. G. 313, 325-331 (318-321). — 26) »Glück und Unglück sind relative Begriffe«. G. 329, 332 (322). — 27) »Klagen sind nutzlos«. J. 344; G. 312, 315, 345, 346 (343); cf. 6. — 28) »Dem Manne ziemt es den Kummer zu bekämpfen und zu überwinden«. J. 350; G. 351, 353, 354 (348).

IV. Der Weise und das Glück.

29) »An hohe Stellung heftet sich Unglück«. J. 432; G. 421, 422, 423, 424, 428 (395-397, 404, 409, 411, 412, 414, 426, 427, 429). — 30) »Der Glückliche kennt kein Mass«. G. 435 (431). — 31) »Glücklich ist nur der Zufriedene«. G. 460 (451, 2). — 32) »Wahrhaft glücklich sind die, welche fern vom Treiben der grossen Welt in stiller Zufriedenheit leben. Das Glück liegt in der Mittelstrasse«. J 415-418, 419,20; G. 405, 406, 407, 611 (394, 400, 403, 410, 411-413, 430, 630b, 631b). — 33) »Glücklich ist nur, wer immer gleiche Stimmung bewahrt«. J. 457, 458; G. 459 (456). — 34) »Glücklich ist, wer zu sterben versteht«. G. 463, 464 (453, 455, 215).

B. Gedanken über das Verhältnis von Mensch zum Menschen.

V. Der Herrscher.

35) »Einer sei König!« G. 466, 467, 468 (465). — 36) »Der König sei strenge! 37) Der König sei milde!« cf. § 25. — 38) »Der Zorn der Könige ist zu fürchten«. G. 590, 594 (587, 588). — 39) »Hass und Herrschaft sind unzertrennlich«. G. 603, 604 (596-598). -- 40) »Gestrenge Herrn regieren nicht lang«. G. 611 (609, 10). — 41) »Furcht erzeugt Hass«. G. 608 (606, 7). — 42) »Könige gleichen Felsen, welche dem Wetterstrahl besonders ausgesetzt sind«. G. 638 (621b). — 43) »Das Leben eines tyrannischen Herrschers ist gefährlich«. G. 639, 40 (620, 1, 622-625. 629-32). — 42b) »Auch die Herrscher fürchten sich«. G. 633, 634-636 (613, 614). — 44) »Den Fürsten, welchen das Glück verlässt, verlässt auch das Volk; in den Palästen wohnt keine Treue«. G. 645-647 (622 ff.).

VI. Der Krieg.

45) »Wenn der Krieg nicht endet und Hass und Wut sich nicht legen, wird endlich alles auf Erden vernichtet sein«. G. 680 (679). — (46) »Glücklich, wer im Kriege fällt«. G. 717 (716).

VII. Laster, Verbrechen und Strafe.

47) »Es ist besser von den Seinen Unrecht zu leiden, als ihnen Unrecht zu thun«. G. 733 (732). — 48) »Ohne böse Absicht keine Sünde«. G. 786 (775, 778, 779). — 49) »Einem Angriffe muss man zuvorkommen«. G. 795 (794). — 50) »Wer ein Verbrechen, das er hindern kann, nicht hindert, begeht es«. G. 806 (805).

VIII. Weib, Liebe, Ehe und Familie.

51) »Die Liebe ist da, damit die Menschheit nicht aussstirbt«. G. 840 (832, 833, 838). — 52) »Liebe bezwingt Götter und Menschen«. G. 845 (843, 844). — 53) »Liebe erreicht alles«. G. 847 (848, 841-844). — 54) »Nichts Schlimmeres als weibliche Wut und Eifersucht«. J. 889, 890; G. 891 (884, 885). — 55) »Der blasierte Reiche neigt zu verbrecherischer Liebe«. G. 895 (894). — 56) »Absicht nicht Zufall macht unkeusch«. G. 901 (900). — 57) »Ein keusches Weib scheut auch die Ohren des Gatten« (G. 905 (904). — 58) »Tugend der Eltern geht auf die Kinder über«. G. 913 (912).

Anhang: Verschiedenes.

59) »Alles zu seiner Zeit: Fröhlich sei der Jüngling, ernst der Greis«. G. 920 (919). — 60) »Jugend beherrscht sich nicht«. G. 922 (921). — 61) »Der Ruf ist oft ungerecht«. G. 930 (929). — 62) »Verschweige selbst, was du von andern verschwiegen wünschest!« G. 940 (939). — 63) »Kühle Bitte ermuntert zum Abschlag«. G. 945 (956). — 64) »Genesen wollen ist halbe Genesung«. G. 957 (956). — 65) »Träume sind Schäume«. G. 971 (970).

§ 12. Zu diesen Sentenzen gleichen Inhalts kommen noch eine Anzahl Sentenzen, die verwandten Inhalt mit einer Sentenz des Seneca haben.

So schliesst sich an 3, 4, 7 folgende Sentenz: »Wen der Himmel beschützt, der erreicht sein Ziel; ihm kann nichts schaden, er allein ist glücklich. Aber dem geht unweigerlich alles verloren, welchem das Schicksal feindlich gesinnt ist«. J. 86, 87, 88, 85b. — an 2: »Wenn man mehrere Male vom Tode zum Leben zurückkehren könnte, würde man keine Angst vor dem Sterben haben«. J. 173. »Thränen beleben keinen Toten wieder«. G. 178. — an 13, 14: »Der Schmerz des Daseins ist noch grösser, als die Freude des von Leben und Leiden erlösten Geistes«. J. 202. »Die Ungeduld (impatience) gebietet dem Schmerze mit Hilfe des Todes«. J. 201. »Der Tod allein befriedigt den Hoffnungslosen«. J. 200. — an 22: »Das ist kein böser Zufall, wenn unsre Fehler ein Unglück herbeiführen. Man muss das Uebel zu vermeiden suchen. Wer das nicht thut, ist nicht zu beklagen«. G. 281-285. 280. »Wenn ein Gut sich darbietet, soll mans nicht von sich weisen«. G. 279. »Unsre Stimmung wechselt mit unserm

Schicksal: Der Unglückliche weint, der Glückliche lacht«. G. 302, 303, 304, 305. — an 28: »Ein edles Herz beklagt sich nicht über Leiden. Kein Unfall kann es beugen«. G. 355, 356, 357. — an 40, 42, 43: »Auch die Könige sind dem Wechsel unterworfen. Und sie fallen um so tiefer, je höher sie stehn«. G. 637.

Einige Sentenzen Jodelle's und Garnier's haben verwandten Inhalt mit Gedanken Seneca's, die vorn nicht angeführt sind: J. 375 (373a), 850 (849); G. 61 (66), 216 (213, 214), 391 (710), 651, 652 (650), 657 (656), 873 (870).

§ 13. Aus den gleichen und verwandten Gedanken lässt sich auf gewisse den beiden Franzosen und Seneca gemeinsame Ansichten von Welt und Leben schliessen. Um diese Anschauungen gruppieren sich dann noch eine Anzahl Sentenzen, deren Gedanken den Dichtern zwar nicht gemeinsam sind, die aber auf einer jener gemeinsamen Vorstellungen beruhen.

Solche gemeinsame Anschauungen sind: 1) das Fatum: »die Vorstelluug von der Unabänderlichkeit des Schicksals, dem Alles unterworfen ist«. cf. § 11, 3, 4, 5, 6, 7; ferner J. 8, 85; G. 81. — 2) Fortuna: »die Vorstellung von der Wandelbarkeit alles Irdischen, namentlich des menschlichen Glückes«. cf. § 11, 8, 9, 10; ferner S. 137; J. 138, 139, 140; G. 91. — 3) Die aurea mediocritas: »An hohe Stellung heftet sich Unglück; glücklich wer fern vom Treiben der grossen Welt zufrieden und verborgen in seiner Hütte lebt«. cf. § 11, 29, 30, 31, 32; J. 147, 432; G. 19, 150. — 4) »Die Vorstellung vom Leiden als etwas Realem das nicht zu ändern ist«. cf. § 11, 20, 21, 23, 27; ferner: S. 248, 250, 296; J. 262, 265, 268; G. 261. — 5) »Die Vorstellung vom Leiden als etwas Ideellem, das durch Geistesstärke überwunden wird.« (Glück und Unglück sind nur relative Begriffe § 11, 26; S. 384, 425'. cf. § 11, 22, 24, 25, 31, 33, 34; ferner S. 249, 455, 456; J. 266, 269, 350, 458; G. 356, 357, 459. — 6) »Die Vorstellung vom Leben als Leiden und vom Tode als dem Erlöser von allem Unglück«. cf. § 11, 13, 14; ferner J. 156, 157, 200; G. 224.

§ 14. Aus der eben beendeten Untersuchung geht hervor: 1) Garnier benutzt Sentenzen Seneca's aus jeder der 8 Gruppen. Er entlehnt sowohl Gedanken über das Verhältnis des Menschen zum Schicksal, als über das Verhältnis des Menschen zum Menschen. Jodelle hat nur Gedanken über das Verhältnis des Menschen zum Schicksal mit Seneca gemeinsam, besonders über Fatum, Fortuna und die aurea mediocritas. Vergleicht man die von J. und G. gemeinsam benutzten Sentenzen des S., so zeigt sich: 2) G. benutzt mit Vorliebe Sentenzen ganz abstrakten Inhalts, während J. mehr solche Gedanken mit S. gemeinsam hat, die sich mit dem Menschen und seinem innern Seelenleben beschäftigen. So handeln über die Wandelbarkeit Fortuna's bei G. 7, bei J. 2 Sentenzen, über den Wechsel von Lust und Leid aber bei J. 7 und bei G. 1. Ebenso spricht G. (im Anschluss an S.) mehr über das Fatum im Allgemeinen (§ 11, 3-5), J. mehr über den vom Fatum Begünstigten oder Verfolgten (85a, 85b, 86-88), cf. auch J. § 11, 13, 14; mit G. § 11,11, 12, 15; ferner J. § 11, 27, 28, 32, 33.

Die Benutzung Seneca's durch Garnier ist durch die Untersuchung zweifellos bewiesen. Das Vorkommen von Sentenzen über Fatum, Fortuna und die aurea mediocritas bei Jodelle deutet sicher auf einen Einfluss Seneca's auch auf Jodelle. Doch scheint dieser Einfluss mehr ein Uebergang von Anschauungen, als eine bewusste Benutzung von Gedanken Seneca's gewesen zu sein.

2. Abschnitt.

Charakterisierung von Jodelle's und Garnier's Gedankenkreis.

(Nichtgemeinsame Sentenzen).

1. Kapitel.

Unterschiede der beiden Franzosen von Seneca.

Die Unterschiede Jodelle's und Garnier's von Seneca können darin bestehen: 1) dass sie Gedanken Seneca's nicht benutzen; 2) dass sie neue Gedanken einführen. Selten und schwer nachweisbar wird der Fall sein, dass zwar Sentenzen Seneca's benutzt, aber zugleich verändert wurden. Einer dieser Fälle wird am Ende der Voruntersuchung, ein anderer § 20 erwähnt werden.

Da nur ein kleiner Teil von Jodelle's Sentenzen ganz allgemein an Seneca erinnert, schien mir für J. die Untersuchung des ersten Punktes nutzlos. Wenn aber Garnier beinahe die

25

Hälfte seiner Sentenzen aus Seneca schöpft, so drängt sich neben der Frage: Welche Gedanken sind Garnier eigentümlich? auch die andere Frage auf: Welche Gedanken des Seneca hat Garnier nun eigentlich nicht herübergenommen? Vielleicht befolgt er gewisse Prinzipien dabei. Das wäre ein wertvolles Charakteristikum für ihn. Darauf wird eine Voruntersuchung also, die sich damit beschäftigt, nach allgemeinen Gesichtspunkten für die Hauptuntersuchung zu forschen, ein besonderes Augenmerk zu richten haben.

α. **Voruntersuchung.**

§ 15. Im ersten Abschnitte zeigte eine Vergleichung der Sentenzen von Garnier's H., Tr., Ae. mit den entsprechenden Sentenzen des Seneca die Veränderungen, die Garnier mit der Form der Sentenzen Seneca's vornahm. Vielleicht bietet eine solche Vergleichung auch gewisse Fingerzeige für die Untersuchung, wie sich Garnier's Sentenzen inhaltlich von denen Seneca's unterscheiden.

Im ersten Abschnitte verglich ich die Sentenzen gleichen Inhalts nach ihren Orten und fand, dass eine Anzahl derselben an sich entsprechenden Orten standen (diese verglich ich dann ihrer Form nach). Jetzt will ich einmal die Sentenzen gleichen Ortes nach ihrem Inhalt untersuchen und zusehn, in wie weit an sich entsprechenden Orten Sentenzen gleichen Inhalts stehn. Ich muss also die von Garnier bearbeiteten Parthieen auf ihre Sentenzen hin mit dem Originale vergleichen. Dabei werde ich mich natürlich auf diejenigen Parthieen beschränken, die überhaupt mit Sentenzen durchsetzt sind. Solche sind:

1) G. H. 793-870 = S. Ph 209-275 ¹). 4) G. Tr. 1397-1486 = S. Tr. 250-315.
2) G. H. 1168-1520 = S. Ph. 448-743. 5) G. Ae. 1-388 = S. Oe. 1-319.
3) G. Tr. 636-1081 = S. Tr. 434-775. 6) G.Ae.720-935 = S.Phoen.131-302.

Lässt in einer dieser Parthieen Garnier eine Sentenz Seneca's weg, so darf man wohl behaupten, dass er es mit Absicht that.

---

1) Die Zahlen bezeichnen den ersten Vers der ersten und den letzten Vers der letzten Sentenzen, welche die ganze Parthie umschliessen.

Vielleicht kann man auch annehmen, dass er von den neu-eingeführten glaubte, sie würden seine Uebersetzung verbessern, verschönern und geistreicher machen.

Folgende Sentenzen Seneca's lässt nun Garnier weg [1]):
212: »Naher Tod verjagt übermütige Worte«. — 213: »Wer sterben kann, muss, will, ist gegen alles geschützt«, — 292: »Der Unglückliche muss jede Hilfe ergreifen, der Sichere darf wählerisch sein«. — 386: »Gelinder fürchtet, wer in der Nähe dessen fürchtet, wofür er fürchtet«. — 473: »Ein Weib kann kein Reich schützen«. — 514: »Dem Könige ziemt es, das Vaterland seinem Kinde vorzuziehn«. — 515: »Der König muss den König schonen«. — 789: »Erfolg macht ein Verbrechen ehrbar«. — 791: »Verbrechen muss mit Verbrechen umhüllt werden«. — 822: »Weibliche List kennt jede Art von Betrug«. — 908: »Muttername ist ein stolzer Name«. — 927: »Edle Geister, in munterer Freiheit aufgewachsen, wenden sich doch zum Guten«.

Dagegen führt er neu ein:
195: »Nichts ist schrecklicher als der Tod«. — 297b: »Man heilt ein Uebel, wenn man's kennt«. — 363: »Die Zeit macht alles gut«. — 366: »Aus grossem Uebel kommt oft grosses Gut«. — 351: »Der Mut muss mit dem Unglück wachsen«. — 739: »Ein tapferes Herz achtet nur den Ruhm«. — 740: »Lob ist der Lohn eines grossen Herzens«. — 891: »Eine eifersüchtige Frau ist schrecklich; noch schlimmer ein Weib, dessen Liebe verschmäht wird«. — 906: »Der Gatte ist der Gattin andres Ich«. — 945: »Ehrloses ist schwer zu bitten«.

Vergleicht man die weggelassenen mit den neu eingeführten Sentenzen, so zeigt sich: 1) Garnier's Sentenzen sind moralischer gehalten als die Seneca's: zwei entschieden unmoralische Gedanken (791, 789) lässt er weg; drei moralisierende werden neu eingeführt: 351, 739, 740. Die beiden letzteren enthalten bereits Keime der Corneille'schen Grand-coeur-Moral.

2) Garnier's Sentenzen sind milder, optimistischer; 4 pessimistische (212, 213, 386, 822) lässt er weg; von den neu eingeführten Sentenzen kann man eine (195) als pessimistisch ansehen; 891 ist milder, als eine ähnliche des Seneca (822); zwei andere (363, 366) sind entschieden optimistisch.

---

1) Einige derselben hatte er schon an andere Stellen verwandt: 170, 170 in 174, 175, 176, 177, 235; andrerseits gehen einige der neueingeführten auf andre Stellen Seneca's zurück, so 291 auf 290, 235 auf 170. Weder die einen, noch die andern wurden oben mit aufgeführt.

3) Die neu eingeführten Sentenzen behandeln im allgemeinen häufigere, einfachere Verhältnisse als die weggelassnen. Spricht Seneca vom Tode im Verhältnis zum Uebermütigen (212), so erörtert Garnier das Verhältnis des Todes zum Menschen überhaupt (195). Bringt Seneca die Stellung des Glücklichen und des Unglücklichen zur Hilfe aus der Not in Gegensatz (292), so ist Garnier zufrieden überhaupt gewisse Beziehungen zwischen Unglück und Hilfe, zwischen Glück und Unglück gefunden zu haben (297b, 366). Ein König im Verhältnis zu einem andern König (515), ein König, dessen Herrscherpflicht mit seiner Vaterpflicht in Konflikt gerät (514), ein Weib, das ein Reich zu schützen hat (473), das sind komplizierte, seltene Fälle, die Garnier nicht beachtet; aber eine eifersüchtige Frau, eine verschmähte Liebhaberin (891), ein Gatte in seiner Beziehung zur Gattin (906), das sind alltägliche Dinge, und diese Dinge behandelt Garnier in den neu eingeführten Sentenzen.

Zum Schlusse führe ich noch einen Chorgesang an, der zwar nicht in eine der angeführten Parthieen fällt, aber doch in die Voruntersuchung gehört. Es ist einer der wenigen Fälle, wo G. eine Sentenz Seneca's nachweislich benutzt und zugleich verändert. G. Tr. Vers 1341-1353 entspricht dem Inhalte und teilweis auch der Form nach genau S. Tr. Vers 401-405 (»nach dem Tode steigt die Seele [1]) aus dem Körper«). Von 1354 (406) an teilen sich aber die Meinungen. Seneca erklärt die Vorstellung des Hades für Unsinn und behauptet, nach dem Tode sei nichts, auch der Tod sei nichts als die Grenze unsres kurzen Lebens; Garnier aber schildert das Leben der unsterblichen Seele, welche frei von irdischem Wechsel gemeinsam mit den Göttern die ewige Seligkeit geniesst und sich versenkt in die Betrachtung der heiligen Dinge. Dieser Chorgesang des Seneca ist also von Garnier mit bewusster Absicht verchristlicht worden.

Unsre Voruntersuchung macht uns demnach auf drei Hauptpunkte aufmerksam: 1) es ist wahrscheinlich, dass Garnier

---

1) Spiritus quo regimur *bei S.*, anima *bei G.*

absichtlich unmoralische und allzu pessimistische Sentenzen vermeidet; 2) es ist wahrscheinlich, dass er nur allgemeinste, häufigste Verhältnisse behandelt; 3) er scheint vom Christentume beeinflusst zu sein.

β. Sentenzen Seneca's, welche Garnier weglässt.

§ 16. Betrachtet man die von Garnier weggelassenen Sentenzen Seneca's nach den in der Voruntersuchung gewonnenen Gesichtspunkten, so erweist sich zunächst eine kleine Anzahl als entschieden unmoralisch [1]:

184, 185: »Glücklich ist der Tod, durch den zugleich der Feind vernichtet wird«. — 797b: »Im Verbrechen heisst es schnell zu Werk zu gehn«. -- 799: »Im Verbrechen braucht man nur Mass zu halten, wenn man's begeht, nicht wenn man's rächt«. — 809: »Denn niemand rächt einen Frevel, wann er ihn nicht übertrifft«. — 800: »Thöricht ist jeder, der in Verbrechen Mass hält«. — 792: »Verbrecher müssen sich durch neue Verbrechen sichern«.

Andere Sentenzen sind nicht gradezu unmoralisch, aber ausserordentlich pessimistisch:

238: »Der Tod trifft nur Unschuldige«. — 14b: »Wen der Zorn der Götter trifft, den vernichtet er ohne Gnade«. — 821: »Das Weib ist die Ursache aller Uebel und aller Frevel Anstifterin«.

Hierher gehören auch die Sentenzen über Verbrechen und Tyrann.

803: »Der thut's Verbrechen, dem's nützt«. — 748: »Zuweilen ist Treue Verbrechen«. — 749: »Treue ist dem Treulosen der Weg zum Verbrechen«. — 796: »Dem Bösen genügt der kleinste Zeitraum zum Verbrechen«. — 787: »Wer seinen Zorn verbirgt, kann sich besser rächen«. — 801, 802: »Die Schuld fällt auf den Urheber des Verbrechens zurück«. — 776: »Irrtum ist oft schlimmer als Verbrechen«. — 239: »Der Tod allein macht einen solchen Irrenden unschuldig«.

595: »Im Eisen liegt das Heil der Könige und Furcht allein schützt ihre Reiche« (605). — »Wer geliebt sein will, herrsche mit schlaffer Hand (601); aber der Hass des Volkes erlaubt dem Herrscher mehr als die Liebe« (600). -- »Die erste Kunst des Herrschers ist Neid zu ertragen (596), und seine Pflicht den Hass zu unterdrücken« (599). — »Das ist ein ungeschickter Tyrann, der seine Opfer zusammen sterben lässt (580), oder dessen Strafen mit dem Tode beginnen« (579).

---

1) Ich fasse unmoralisch natürlich in Garnier's, d. h christlichem Sinne.

Vergleicht man mit diesen Sentenzen die § 11 aufgeführten, von Garnier benutzten Sentenzen Seneca's, so erscheinen dieselben viel milder, weniger pessimistisch. Einige Sentenzen über Herrscher, Hass und Furcht hat Garnier zwar herübergenommen, aber er hat die zahmsten ausgesucht (cf. § 11, 39, 41, 47, 48, 50). Nur einmal wagt er sich an eine moralisch etwas bedenkliche Sentenz, 794: »tutissimum est inferre cum timeas gradum«, mildert sie aber, indem er »gradum« mit »injure« übersetzt, obwohl es sich im Texte um die bekannte Anklage Phaedra's gegen Hippolyt handelt.

§ 17. Vielleicht wurden einige der oben angeführten Sentenzen auch weggelassen, weil ihr Inhalt für Garnier zu seltene und komplizierte Verhältnisse behandelte: 238, 602, 748. 749, 797b. Bereits die Voruntersuchung machte aufmerksam auf das Streben Garnier's nach möglichst einfacher Verknüpfung allgemeinster Vorstellungen (z. B. Mensch, Unglück, böse u. a.). Dieses Streben mag nun der einzige Grund dafür gewesen sein, dass G. eine ganze Anzahl Sentenzen Seneca's bei Seite schob, trotzdem sie weder unmoralisch noch allzu pessimistisch sind. Begreiflich ist es hierbei, wenn Garnier Sentenzen nicht beachtet wie 842: »Liebe besiegt selbst böse Stiefmütter«. 931: »Eine Erinnerung wird oft durch ein Anzeichen zurückgerufen«; ferner 171b, 297a, 373c, 496. 723, 910, 911. Aber Garnier lässt auch treffendste Gedanken weg, während er ganz triviale Gemeinplätze wiederholt benutzt. So übergeht er 220a: »Dem wird der Tod am schwersten, der andern allzu bekannt, sich selbst zu unbekannt ist«. 226: »Der verachtet den Tod nicht, der ihn wünscht«. Aber dass Unglückliche sich den Tod wünschen, erzählt er uns dreimal; achtmal bekommen wir zu hören, dass alle Menschen sterben müssen, und sechsmal, dass niemand vom Tode aufersteht [1]). Auch das Problem: soll der König milde oder strenge sein? scheint er einer immer neuen Behand-

---

[1]) Da, wo keine Belege angegeben sind, cf. § 11.

lung für wert zu halten, kümmert sich aber nicht um die
schönen Worte, die Seneca 474, 475 über den König sagt:

474: »Unglücklichen zu helfen, Schutzflehende zu schirmen, das ist
der Könige herrlichstes, unvergängliches Gut«. — 475: »Schön ist es im
Kreise erlauchter Männer der Erste zu sein, dem Vaterlande zu dienen,
die Traurigen zu trösten, seinen Zorn zu zügeln, dem Lande Ruhe und
dem Jahrhundert Frieden zu geben — das ist die höchste Tugend des
Herrschers — das ist der Weg zur Unsterblichkeit«.

Ebenso wird die Frage, ob Klagen den Schmerz lindern
oder vergrössern, stets von neuem erörtert. Geistreichere Bemerkungen Seneca's über das Unglück bleiben unberücksichtigt,
z. B. 293, 295: »Aeusserstes Unglück macht sicher«. 301: »Erst
des Lebens Unglück lehrt schweigen«. 383-386: »Unglückliche
verlieren den Glauben ans Glück«. So lässt Garnier auch Sentenzen weg wie 136: »Das Glück fürchtet den Tapfern, bedrängt den
Feigen«. — 137: »Der verachtet des Glückes Gaben, der weiss wie schnell
sie zerrinnen«. — 179: »Schwächlinge verlangen beweint zu werden,
Tapfre verbieten es«. — 276: »Niemand darf beweinen, was er gewollt«. —
378: »Unredliche Hoffnung ist leichtgläubig«. — 382: »Wen leere Furcht
schreckt, der verdient begründete«. — 429: »Mehr kommt's darauf an,
woher als wohin du fällst«. — 711: »Sein Vaterland fürchten ist härter,
als es verlieren«.

Ergeben sich auf solche Weise gewisse Gründe, die Garnier
bestimmt haben mögen, ganze Gruppen von Sentenzen wegzu-
lassen, so ist doch sicher, dass bei Benutzung oder Nichtbenutzung
der einzelnen Sentenz oft auch der Zufall waltete. Am deut-
lichsten zeigt das 826, 7; der Gedanke: »Schönheit ist ein ver-
welkliches Gut, thöricht, wer auf sie baut!« entspricht gewiss
Garnier's Geschmack. Er ist weder unmoralisch noch pessimistisch, noch allzu geistreich. Er steht in einem Chore der
Phaedra. Und die Ph. kannte Garnier ohne Zweifel ganz genau,
und Chorsentenzen bevorzugt er; er übersetzt noch die Sentenz
(900), die kurz vor Beginn des betreffenden Chores steht —
und dennoch benutzt Garnier diese Chorsentenz nicht! —
Warum nicht? — Es lässt sich eben nicht alles erklären.

γ. **Einfluss des Christentums auf den Gedankenkreis Jodelle's und Garnier's.**

αα) Unmittelbarer Einfluss.

§ 18. Die Voruntersuchung liess vermuten, dass Garnier's Sentenzen vom Christentume beeinflusst seien. Auch bei Jodelle ist ein solcher Einfluss nicht unwahrscheinlich. Untersucht man daraufhin den Gedankenkreis der beiden Dichter, so fällt sofort eine grosse Anzahl Sentenzen über Gott und Götter in die Augen.

Seneca erwähnt in seinen Sentenzen die Götter nur selten: 14b. c, 56, 598, 833, 843, 919. Er spricht 14b. c von ihrem Zorne, welcher die Menschen vernichtet, wenn er sie trifft, behauptet 843 von ihnen, dass auch sie der Liebe unterworfen seien, und bezweifelt 56 überhaupt ihre Existenz. Die Götter Jodelle's und Garnier's sind nur ein anderer Ausdruck für ihren eignen, christlichen Gott. Sie lenken alles Irdische, und Alles ist von ihnen abhängig 1, 7. Sie sind gerecht, stehn den Schwachen bei, strafen die Bösen 12, 13, 15, 18, 19, 24, 25, 27, 28, 30, 32, 39, 49, 54 und benutzen sie als Geisel für unsre Sünden 28, 29, 30. Den Göttern muss man gehorchen, und menschliche Gesetze müssen sich nach göttlichen richten: 4, 5, 6, 9, 10.

Jodelle's Gedanken sind teilweise herbe und neigen noch eher zum Pessimismus Seneca's: der Götter Liebe und Hass verwirrt das Leben 90; ihre Gunst wird oft theuer erkauft 55; sie hassen die Bösen 12, rächen die Ungerechtigkeit 13b, zürnen den Treulosen (15), und »la plus grande fureur c'est la fureur suprême« 17. Viel milder ist Garnier. Auch er spricht von strafenden Göttern 18, 25, 26, 27, 30, 32; aber sie zögern mit ihrer Strafe 26, 27, 30; sind gütig 42, 44, 45, 46, 47; verzeihen gern 26, 33, 34, 38; und unser Unglück besänftigt ihren Zorn 36. Zuweilen freilich sind auch seine Sentenzen heidnisch angehaucht; 49-53 und 60 bezweifeln, dass die Götter in der Not helfen, und 58, 59 behaupten, es gäbe gar keine Götter.

Im Allgemeinen aber basieren die Sentenzen Jodelle's und Garnier's über Gott und Götter offenbar auf der Vorstellung des christlichen Gottes, d. h. also eines persönlichen Gottes, der zugleich Herr der Welten und Lenker der menschlichen Schicksale ist.

§ 19. Wie aber vereint sich eine solche Vorstellung von Gott mit der Vorstellung vom Fatum, das J. und G. von S. herübernahmen? Auf diese Frage geben einige Sentenzen Antwort, in denen Schicksal und Götter zugleich vorkommen.

48 stellt Garnier das Schicksal und den Willen der Götter als identisch neben einander; ebenso 92, 93: »Die Götter haben jedem Dinge seinen Lauf vorgeschrieben, auch uns Menschen, aber wir kennen dieses Schicksal nicht«; ferner 71: »Alle Dinge sind im Himmel vorherbestimmt, und weder Kraft, Vernunft noch Frömmigkeit vermögen das Schicksal zu ändern«. Aehnlich spricht Jodelle 87, 88: »Wen der Himmel sich auserwählt, dem kann nichts schaden, aber gegen welchen das Schicksal sich wendet, dem geht unweigerlich Alles verloren«. Und was Garnier 93 vom Schicksale sagt (es ist uns unbekannt), behauptet Jodelle von der »saincte ordonnance«, der heiligen Ordnung der unwandelbaren Götter: sie ist ihnen allein offenbar (86). Auch Garnier nennt 83 das Schicksal »celeste ordonnance«, und eine Zeile des Seneca aus No. 66: »non illa (sc. stamina Parcae) deo vertisse licet« übersetzt er mit: »son ordre ne s'arreste pour le grandeur d'un Roy« [1]) (69b); er ändert also absichtlich die Behauptung Seneca's, dass die Götter gegen das Schicksal ohnmächtig seien. Aus den angeführten Sentenzen schliesse ich: Jodelle und Garnier fassen das Fatum als den von Ewigkeit her bestimmten, unabänderlichen Ratschluss Gottes auf. Der Fatalismus Seneca's wird bei ihnen zum Prädestinationsglauben [2]).

---

1) Diese Aenderung ist nicht etwa des Reimes wegen eingeführt. »Roy« steht in erster Reimzeile, und der zweite Reim: »d'un esmoy« ist ohne Zweifel Flickwort.

2) Ich weiss wohl, dass die älteren Stoïker ihre εἱμαρμένη-πρόνοια ähnlich auffassten (cf. Ueberweg's Grundriss der Geschichte der Philosophie

§ 20. Diese Prädestination ist aber nur eine Vorherbestimmung zu irdischem Glück und Unglück [1]), nicht, wie bei Calvin, zu ewigem Heil und Verderben. Auch in Bezug auf den menschlichen Willen führen die beiden Franzosen ihre Ansicht von der Vorherbestimmung alles Irdischen nicht konsequent durch. Wenigstens fand ich keine Sentenzen, die irgendwie deterministisch angehaucht waren. Wohl aber kommen bei ihnen, ebenso wie bei Seneca [2]), Gedanken vor, die eine Annahme der Willensfreiheit geradezu voraussetzen, so G. 359: »Von zwei Uebeln muss man das kleinste wählen« und J. 942: »Wenn sich dem Geiste zwei Wege darbieten, muss er den vernünftigeren wählen«. Wahrscheinlich sind sich Jodelle und Garnier über den unversöhnlichen Gegensatz, der zwischen Vorherbestimmung und Willensfreiheit besteht, gar nicht klar geworden.

---

6. A. I, 238 oben). Aber diese Auffassung des Fatums als Vorsehung und Notwendigkeit zugleich kommt in Seneca's Sentenzen nicht zum Ausdruck. Aus der Verquickung des Fatums mit Fortuna (cf. No. 74, 75 mit 96, 97 und 106) geht vielmehr hervor, dass Seneca den blindesten Fatalismus vertritt, den man sich nur denken kann. Man darf Jodelle's und Garnier's Auffassung des Fatums also wohl auf christlichen Einfluss zurückführen.

1) In diesen Gedanken hat Jodelle auch die Vorstellung von Fortuna hineinverarbeitet: Nach dem Ratschluss der Götter wechseln ewig auf Erden Lust und Leid (No. 138-143). Bei Garnier gehen die beiden Vorstellungen von Fortuna und der Vorherbestimmung alles Irdischen ruhig nebeneinander her, ohne dass er sie mit einander in Beziehung bringt. Zuweilen widersprechen sie sich gegenseitig, aber das ist bei Garnier nichts Seltenes, man vergleiche die Sentenzenstreite!

2) Seneca behauptet sogar: nemo fit fato nocens (778), was natürlich in direktem Widerspruch zu seinem sonstigen Fatalismus steht (Ueberweg I 242 Z. 9 ff.). Ob Garnier diesen Widerspruch fühlte, als er Seneca's Sentenz mit »Personne n'est mechant qu'avecques volonté« übersetzte? Diese Fassung würde zu Garnier's Ansicht von der Vorherbestimmung nicht im Gegensatz stehn; denn der Wille könnte ja seinerseits prädeterminiert sein. Ich glaube indessen nicht, dass Garnier solche spitzfindige Betrachtungen anstellte, als er Seneca benutzte.

ββ) Mittelbarer Einfluss.

Ein mittelbarer Einfluss des Christentums auf den Gedankenkreis der beiden Franzosen scheint mir in ihren strengeren
Ansichten über den Selbstmord und in ihren milderen Anschauungen über Rache und Hoffnung vorzuliegen.

§ 21. 1) Garnier hat mit Seneca die Vorstellung vom
Selbstmord als eines erlaubten Hinausgehens aus dieser Welt
gemein (cf. § 11, 15, 16, 18). Es finden sich jedoch im Gegensatz
zu Seneca bei Jodelle und Garnier auch Sentenzen, die den
Selbstmord verwerfen. Garnier nennt ihn geradezu ein feiges
Verlassen des Postens, auf welchen uns Gott gestellt hat (231).
Durch dieses Verlassen erregen wir Gottes Missfallen und Zorn
(231, 232). Nicht so entschieden christlich, aber ebenfalls gegen
den Selbstmord gerichtet sind: J. 228; G. 224a, 229, 230, 233.

§ 22. 2) Seneca kennt für ein Verbrechen nur Rache:
787, 8, 799, 809. Mass zu halten braucht nur, wer ein Verbrechen begeht, nicht wer's rächt (799), denn man kann es
nicht rächen, wenn mans nicht übertrifft (809). Garnier spricht
nur selten von Rache, so 553: »Rache ist Zeichen eines tapfern
Herzens«, worauf aber die folgende Sentenz sofort antwortet:
»Nichts befleckt mehr, als Grausamkeit« (554). An Stelle der
Rache tritt bei ihm die Strafe (816, 819) und die Gnade (819).
Und er spricht nicht nur von Strafe, sondern auch vom ge-
duldigen Ertragen der verdienten Strafe (811, 812). Jodelle's
einzige Sentenz, die hier in Betracht kommt, ist 820: »Wir
selbst sind unsre Ankläger, Richter und Henker«.

§ 23. 3) Jodelle und Garnier sind mit Seneca einig über
das Glück des Weisen, der, frei von aller Leidenschaft, in Ruhe
trägt, was auch das Schicksal bringt. Aber während Seneca
die Furcht und das Wünschen für Haupthemmnis dieser Ruhe
hält (451-53, 454), eifern die beiden Franzosen besonders gegen
Stolz und Hochmut: J. 147, 420, 438, 439,40; G. 150, 441-45,
459. Sie scheinen also die Apathie mehr als demütige Ergebung
in das Schicksal zu fassen. Mit dieser christlichen Auffassung

der Apathie hängen die freundlicheren Ansichten zusammen,
welche sie über Furcht und Hoffnung haben. Des Seneca
pessimistische Gedanken: 373, 378, 383, 385, 386a. b, 382 (cf.
§ 16) benutzen sie nicht. Jodelle freilich neigt wieder mehr
nach Seneca, als Garnier. 376 behauptet er, dass alle Hoffnung
täuscht und 388, dass Furcht allein genügt, den Menschen zu
allem gefügig zu machen. Indessen räumen 140, 141 der Hoffnung eine gewisse Berechtigung ein: die Ungewissheit alles
Irdischen lässt im Menschen keine Sicherheit, sondern nur
Hoffnung aufkommen. Auch Garnier weiss wohl, dass die
Hoffnung täuscht 375, 377, aber er weiss auch, dass es einzig
die Hoffnung ist, die alles Leiden lindert 369, 370. Er warnt
vor Verzweiflung 94, 134, fordert zur Hoffnung auf 94, 371,
und erklärt den für weise, der im Glücke fürchtet, im Unglück
bessere Zeiten erhofft 450.

2. Kapitel.
Unterschiede Jodelle's und Garnier's von einander.

Der Unterschied der beiden Franzosen von einander beruht
wesentlich auf Sentenzen, welche bei dem einen vorkommen,
bei dem andern fehlen. Nur in Bezug auf die Liebe stehn sich
ihre Ansichten direkt gegenüber. Ich behandle zunächst die
Garnier eigentümlichen Sentenzen, dann werde ich einen Rück-
blick werfen auf alles, was bisher über Jodelle gesagt wurde,
das Charakteristische an ihm darlegen und endlich seinen
Gegensatz zu Garnier in Bezug auf seine Ansichten über die
Liebe betrachten.

α. Garnier.

§ 24. Garnier's Gegensatz zu Jodelle beruht zunächst auf
einer grossen Anzahl Sentenzen über König und Krieg. 1) In
seinen Ansichten über den Krieg schliesst sich Garnier vielfach
an Seneca an (cf. § 11). So erinnern an den Sentenzenstreit

der Tr. 685-88 (681-84): der Sieger sei strenge — sei gnädig! zahlreiche Sentenzen; 697: »Nur der Tod unsrer Feinde sichert uns«; 698; »Man sichert sich nicht, wenn man sich neue Feinde macht«. — 696: »Bezwungnem Feinde darf man nicht trauen«; 703: »Zuweilen macht man aus Feinden Freunde«; 704: »Oefter aus Freunden Feinde«. Aehnlichen Inhalts sind: 699, 700, 705, 708, 709, 706, 707. Immer zeichnet sich Garnier durch seine biedere Gesinnung aus. Er erklärt jeden Krieg für verwerflich, der nicht einen vernünftigen Grund hat (669, 670), während Seneca meint, nicht nach der Ursache, sondern nach dem Ausgange frage man beim Kriege (672). Als besonders ehrenvoll preisst Garnier den Kampf zur Vertheidigung des Vaterlandes (671); denn das Vaterland müssen wir alle lieben (715); glücklich ist, wer für dasselbe stirbt; sein Name ist unsterblich für alle Zeiten (712, 713, 714).

§ 25. 2) Auch Garnier's Gedanken über den König sind zumeist dem Seneca entlehnt. Der Streit, ob Strenge oder Milde den Herrschern zieme (S. 483-486, 525-531, 533-543), füllt einen grossen Teil der Sentenzenstreite aus: 544-547, 611, 612, 548-555, 567-570, 560-563; ferner: 487, 491, 592, 593, 480, 478, 479, 477, 513. Andere Sentenzenstreite erörtern die Frage: soll sich der Herrscher beschränken lassen, oder soll er ganz nach Willkühr herrschen? 556-559, 573-576, (520-524). Hieran schliessen sich dann Gedanken wie 572: »Was dem Herrscher gefällt, muss dem Volke gefallen; ferner 508, 594. Eine Anzahl Sentenzen aus der Ae. handeln über Lohn und Strafe als Pfeiler der Herrschaft, über Gerechtigkeit und Gehorsam: 488-490, 492-495, 501-507, 510-512. Diese verdanken ihren Ursprung Anregungen, die Garnier aus des Sophokles König Oedipus schöpfte. Sie schliessen sich nie genauer an Sophokles an. In Seneca finden sich ähnliche Gedanken nicht. Dagegen hat Seneca ohne Zweifel Garnier's zahlreiche Sentenzen über den Tyrannen angeregt. Die tollen, an Cäsarenwahnsinn erinnernden Grundsätze, die Seneca's Tyrannen entwickeln (cf. § 16), lässt er zwar weg, aber zahlreiche lange Betrachtungen über das gefahrvolle Leben des Tyrannen (cf. § 11, 40 ff.) hat er durchaus mit Seneca gemein. Seine von Seneca unabhängigen Gedanken über den Tyrannen athmen einen freimütigen, fast trotzigen Geist. Er hält förmliche Sentenzenreden gegen die Herrschsucht, der nichts heilig ist (582, 583, 584-586); er preisst die Freiheit als das edelste Gut (665); ja er scheut sich nicht den Ruhm der Männer zu feiern, die es wagen den Tyrannen inmitten seiner Söldner zu morden (654). Solchen Männern zollt das sonst undankbare Volk ewige Dankbarkeit (655). So rebellisch diese Sentenzen scheinen, so vertritt Garnier andrerseits auch monarchistische Ansichten, z. B.: »Wie im Himmel ein allmächtiger Gott regiert, soll auch auf Erden Einer herrschen«(466). Zuweilen schimmern die aristokratischen Tendenzen seiner Zeit durch seine Gedanken: »Der wahrhaft Edle beugt sich ebensowenig vor dem ungerechten Wunsche der Volksmenge (tourbe populaire) als vor einem Tyrannen (462).

§ 26. 3) Zugleich mit Seneca und Jodelle in Gegensatz tritt Garnier durch Sentenzen über das »grand coeur«, welche bereits in der Voruntersuchung auffielen. Seneca hat ähnliche Sentenzen nicht; er sagt wohl einmal: »alti regis est« (515); »laus est« (520); »virile est« (347); »pulchrum est« (474); »maxima virtus est« (485); auch Jodelle erwähnt einmal »les coeurs plus hauts« (257). Garnier aber spricht schon ganz wie Corneille vom »coeur magnanime« (355, 667, 463, 591, 740); »l'homme de grand coeur«(353); von »l'âme généreuse« (653) und vom »brave coeur« 739, 810, 817. Auch »la gloire« und »l'honneur« haben in seinen Sentenzen bereits ihren Platz. 686 übersetzt er »pudor« mit »l'honneur et le devoir«; 903 spricht er von einer »fille d'honneur«; er leitet Sentenzen ein mit »c'est l'honneur« 671; »c'est une grandeur« 556. — Von diesen »edlen Seelen« behauptet er namentlich, dass sie standhaft im Unglück seien: 353, 354, 355; nach 591, 817 sind sie auch grossmüthig (cf. aber 810). 740 bringt das »edle Herz« mit der »gloire« in Beziehung: »tout brave coeur ne fait que de la gloire estime« und 739 sagt: »Lob ist der Lohn eines grossen Herzens«.

β. Jodelle.

§ 27. Jodelle's Gedankenkreis beschäftigt sich fast ausschliesslich mit dem Menschen. Was er über die Götter sagt (§ 18), bezieht sich auf ihr Verhältnis zum Menschen: sie helfen und strafen. Die Götter selbst erscheinen vielfach vermenschlicht: sie lieben, hassen, begünstigen, zürnen und rächen. Das Schicksal ist gleichbedeutend mit dem Ratschluss der Götter (§ 19). Nach ihrem Willen wechseln auf Erden Lust und Leid (138-142). Nichts ist zufällig (127-132).

»Zufällig, gleich den Würfeln fällt unser Loos (112); die Freude gebiert den Kummer (128). »Neben dem Honig droht der Stachel der Bienen; unter Blüten schlummern Schlangen« (132).

Wie in diesen Sentenzen, so prägt sich schon in einzelnen Gedanken Jodelle's über die Götter (§ 18) und die Hoffnung (§ 23) ein gewisser Pessimismus aus. Derselbe zeigt sich noch mehr in folgenden Sentenzen:

»Bald macht sich das Unglück dem Menschen fühlbar, und selten kommt es allein«. (263, 260). — »Ein Uebel verstärkt das andre (262); je mehr wir uns sträuben, um so tiefer versinken wir ins Elend«. (265).— »Der Wechsel aller Dinge verwirrt die Menschen, und, verblendet von Begierden, wählen sie das Uebel für das Gute, den Schatten des Glückes anstatt des Glückes«. (143). — »Ein Traum ist alles, ein Trugbild, das uns verhöhnt (144), und grösser als die Freude des Geistes, welchen der Tod von Leben und Leiden erlöst, ist der Schmerz dieses Daseins«. (202).

§ 28. Aehnlich wie Seneca eine Anzahl Sentenzen über das Verbrechen hatte, finden sich bei Jodelle Gedanken über das Böse:

»Nichts verschont der Hass«. (259). — »Wenn sich das Gewissen nicht gegen die Bosheit erhebt, durch Gründe wird sie niemals überwunden (772). Sie braucht nur zuzugreifen (771), und geschickt weiss sie ihr Unrecht gegen das Recht zu verteidigen (770). Aber der ist ein Feind Gottes und der Menschen, dessen hartes Herz eher lieblos als selbst unglücklich ist«. (741).

Sprach also Seneca über die That, das Verbrechen, so spricht Jodelle über die Gesinnung, die Bosheit. Durch diese Betonung des seelischen Momentes tritt Jodelle noch in einer ganzen Reihe Sentenzen in Gegensatz zu Seneca und Garnier.

»Unsre Gedanken allein, die wir vor und nach dem Unglück haben, sind es, die uns unglücklich machen«. (269). — »Man hat nur

Schmerzen, wenn man an sie denkt«. (266). — »Mehr als der bitterste
Schmerz kränkt es uns, wenn man unsre Klage für erheuchelt ausgiebt«.
(315). — »Nicht der ist undankbar, der Wohlthaten nicht vergilt, sondern
der sie vergisst«. (741). — »Wir selbst sind unsre Ankläger, Richter und
Henker«. (820). — »Bewusstsein eigner Schuld vermehrt das Unglück
(267a), und wir wähnen immer, wir hätten es selbst verschuldet (270),
und schaffen durch Kummer über Kummer uns neuen Kummer«. (268). —
»Die schlimmste Furcht ist die Furcht des Geistes, der gegen sich selber
sündigt«. (267b).

Mir scheint es, als ob in diesem entschiedenen Hervor-
kehren der innern Welt der Gefühle und Gedanken gegenüber
der äussern Welt der Erscheinungen bei Jodelle der moderne
Geist sich äussere.

§ 29. Sicher ist Jodelle der Vertreter des modernen Geistes
in seiner Auffassung der Liebe, im Gegensatz zur antiken Ansicht
Seneca's und Garnier's. Von Jodelle nämlich wird die Liebe als
Gefühl, von Seneca und Garnier als Naturtrieb aufgefasst.

Bei Seneca stehn sich zwei Meinungen gegenüber:
1) »Die Liebe ist der Urgrund alles Lebens (838), die schöpferische
Kraft, der allein wirs verdanken, dass die Menschheit nicht schon lange
ausgestorben ist«: 832, 833, 839. — 2) »Die Liebe ist eine blinde Begierde
(836), ein Feuer des Geistes, das von der Jugend erzeut, vom Ueberfluss
ernährt wird und alsbald erlischt, wenn mans nicht unterhält«: 834,
835, 837, 870, 872.

Erstere Meinung vertritt Garnier 840, letztere 873. Die
Macht der Liebe behandeln ferner Sen. 841, 842, 843, 844, 848;
G. 845, 847. Garnier erwähnt dann noch 874, 875, dass Gegenliebe selten, und nicht erwiederte Liebe die bitterste Qual sei,
die einzige Krankheit, die nicht geheilt werden könne. 873
nennt er die Liebe ein Gift, das unser Blut vergiftet, und er
meint deshalb 869: es wäre besser, wenn man nicht liebe.

Jodelle sagt in seinen 16 Sentenzen von der Liebe
Folgendes:
»Wahre Liebe ist ungestüm (850); kein Trank vermag sie zu heilen
(861); je mehr man sie bekämpft, so fester schlägt sie im Herzen ihre
Wurzeln (846). Worte der Ueberredung schaden der echten Liebe (851);
wahre Liebe kann sich nicht verstellen«. (852). — »Die Liebe ist ein
Feind aller Ruhe (857), und lässt uns die Sonne beneiden, deren Strahlen

vom Wasser des Vergessens getrunken werden«. (862) [1]). — »Je süsser
sie ist, so weniger bietet sie Sicherheit (858); allzusehr für einen erglühn
heisst alle andern und sich selber hassen (855). Denn die Liebe kümmert
sich nicht um ihr Thun, sie fühlt nur ihre Glut; darum ereilt sie die
Gefahr im unbewachten Augenblick« (853). — »Ueber die Treue in der
Liebe lachen die Götter (859); aber wer gegen die Liebe sündigt, sündigt
gegen sich selbst« (854b). — »Ein Fieber ist die Liebe, das den Menschen
erfasst, seine Worte verwirrt, seinen Sinn bethört (863); vergebens strebt
er dann nach Heilung — so süss die Liebe sein mag, ihre Folgen sind
Knechtschaft und Tod (864). Und der Schmerz des Todes ist leichter
zu tragen, als der Kummer der Liebe (868), der um so heftiger wird, je
mehr man klagt, und dessen Begleiterin die Verzweiflung ist (867). Kein
Lebender vermag der Strafe zu entfliehen, und oft vermählt die Liebe
uns mit dem Tode«. (865a. b).

§ 30. Ausser den angeführten Gedanken finden sich bei
Jodelle nur noch zwei Sentenzen über Weib, Liebe und Ehe.
Die eine (890) erklärt die Wut einer Frau für das Schlimmste,
was es geben kann. Auch Seneca weiss über diese Wut manch
kräftiges Wort zu sagen (884, 885, 886). Bei G. findet sich
nur wenig (891). Vielleicht sträubte sich dagegen ebenso wie
gegen 821 (Ursache aller Uebel ist das Weib und aller Frevel
Anstifterin) seine französische Galanterie. Garnier erklärt nur
823 die Weiber für flatterhaft und nennt den thöricht, der auf
sie baut; 824 behauptet er, Schönheit könne sich nie mit
Treue vereinen und gibt 825 zu, dass einer liebenswürdigen
Schönheit nichts unmöglich sei.

Die andere Sentenz Jodelle's (914) sagt: »Wir schulden
Eltern und Vaterland ewigen Dank«. Garnier bemerkt ebenso
915, dass Kinder dem Vater gehorchen sollen, und erwähnt
dann 907 noch, dass ein böses Weib dem Manne Unglück
bringt. 897: »Wollust ist gefährlich, besonders den Fürsten«;
899: »Das Vergnügen ist die Angel des Lasters«; und 903:
»Eine ehrbare Jungfrau (fille d'honneur) verliert lieber ihr Leben
als ihre Keuschheit« entsprechen ganz Garnier's strengsittlichem
Charakter. Je solider aber diese Sentenzen sind, um so mehr

---

1) »la seule eau d'oubly peut ses flammes noyer«. Dasselbe Bild
siehe 130. Gemeint ist die Naturerscheinung, die man mit »die Sonne
zieht Wasser« bezeichnet.

müssen die Emanzipationsgelüste der Phädra auffallen. In zwei langen Sentenzen (881, 882 und 883) und in einem Sentenzenstreite (22a-23b, 876-880) verficht diese das Recht der freien Liebe mit einer solchen brutalen Sophistik, wie sie nicht einmal bei Seneca zu finden ist (cf. § 46 Anm. 4).

3. Abschnitt.
Beziehungen des Gedankenkreises Jodelle's und Garnier's zu den Gedanken der zeitgenössischen Tragödien.

§ 31. Bis zu diesem Abschnitte konnten für die vorliegende Arbeit nur die geringen Hilfsmittel benutzt werden, die eine kleine deutsche Universitätsbibliothek gerade für diesen Teil der französischen Literaturgeschichte bietet. Für die folgenden Paragraphen, die im Britischen Museum zu London verfasst wurden, stand mir nicht nur die ganze einschlägige Literatur [1]) zur Verfügung,

---

1) Ich benutzte: Pasquier, Recherches de la France. Amsterdam 1723. — Parfait Histoire du Théatre Français. Paris 1745-48. -- Suard, Coup d'œuil sur l'ancien théatre français. Mélanges de litérature IV. Paris 1804. — Chassang, Des essais dramatiques imités de l'antiquité. Paris 1852. — Marty-Laveaux Œuvres de Jodelle. Paris 1868 ff. — Bernage, Etude sur R. Garnier 1880. — Faguet, La tragédie française au XVIe siècle. Paris 1883. — Buchanan, Jephthes Lutetiae 1557; Baptistes, Francoforti 1578; Florent Chrestien, Jephthé 1551. — Muretus und Grevin, A. u. A. No. 52 (wenigstens citiere ich beide nach dieser Ausgabe); Beze, Le Sacrifice d'Abraham. Troyes 1638; Desmasures, Tragedies Sainctes. Anvers 1582; Toutain, Agamemnon. Paris 1557; Lapéruse p. p. Seguins. Paris 1867; St. Gelais, Œuvres p. p. Blanchemain. Paris 1858. Jean de la Taille, Saül le furieux. Paris 1572. Jacques de la Taille: Daïre. Paris 1598. — Bücher, die ich nur nachlas, ohne sie weiter zu benutzen (z. B. die Bibliothèque du théatre français u. a.) habe ich nicht mit angeführt. Denn was nützt es, wenn ich z. B. alte Editionen von Grevin und Muretus angebe, da ich doch nach Collischonn citiere, oder wenn ich eine Anzahl französischer Literaturgeschichten aufzähle, die doch immer wieder dasselbe sagen, was Pasquier und Parfait, Suard und Ebert bereits gesagt haben? — Beim Studium der angeführten Werke zeigte sich allerdings, dass bereits manches gefunden war, was ich zuerst gefunden zu haben glaubte (cf. Ende von § 5 mit Faguet S. 185); manches war bereits besser gesagt, als ich es hätte sagen können (cf. Anfang von § 5 mit Nisard, Études sur les poètes Latins de la décadence II, 136 ff.); zuweilen war ich aber auch in der Lage, fremde Irrtümer zu berichtigen, fremde Meinungen wesentlich zu ergänzen (cf. Nachtrag Anm. 6 u 7). Wichtiger als das Studium der einschlägigen Literatur wurde für die Arbeit das Studium der zeitgenössischen Tragödien. Wenn auch die allgemeinen Resultate der Untersuchung nirgend

sondern auch eine Anzahl Ausgaben von jenen Dramen, die zu gleicher Zeit mit Jodelle's und Garnier's Tragödien entstanden. Mit den Beziehungen dieser Dramen zu Garnier's Gedankenkreis wird sich folgende Untersuchung namentlich beschäftigen. Und zwar kommt es mir hier nicht mehr darauf an, vollständig zu sein — das ist bei der Lückenhaftigkeit des Materials von vornherein unmöglich. Die folgenden Zeilen wollen nur die vielfache Abhängigkeit Garnier's aufdecken, sie wollen zeigen, dass Jodelle seine Nachfolger bis Garnier beeinflusste, sie wollen aber nicht feststellen, wie weit diese Abhängigkeit und dieser Einfluss geht. Ich ziehe darum nicht mehr den gesamten Gedankenkreis der einzelnen Poeten in Betracht, sondern greife einzelne charakteristische Gedanken heraus.

Die vorhergehenden Kapitel haben gezeigt: die unabhängigen Sentenzen Jodelle's und Garnier's behandeln entweder ganz disparate Dinge oder ihre Ansichten stehn sich direkt gegenüber. Alles, was die beiden Poeten gemeinsam haben, lässt sich mit Leichtigkeit auf Seneca oder den Einfluss christlich-modernen Geistes zurückführen. An eine Vermittlung Jodelle's zwischen Seneca und Garnier ist aber nicht zu denken; denn Garnier schliesst sich durchweg näher an Seneca an, als Jodelle [1]).

Der Versuch, die Sentenzen Jodelle's und Garnier's in unmittelbare Beziehung zu bringen, muss also zunächst aufgegeben werden.

Aber selbst wenn zwischen den Gedankenkreisen der beiden Dichter eine tiefe Kluft bestehn sollte, muss es doch einen Punkt geben, wo diese verschiedenen Kreise sich berühren, es muss sich ein Dichter finden lassen, dessen Gedanken von Jodelle beeinflusst sind, und der zugleich direkt oder indirekt auf Garnier einwirkt.

Einen solchen Dichter suche ich jetzt. Zu diesem Zwecke vergegenwärtige ich mir noch einmal die Hauptcharakteristica von Jodelle's und Garnier's Gedankenkreisen. Beide unterschieden sich von Seneca durch christliche Auffassung der Götter, des Fatums (= Prädestination), der Apathie (= Resignation?) und

in Frage gestellt wurden, so änderte sich doch manches im Einzelnen. Züge, die ich früher für wesentlich gehalten hatte, verloren an Bedeutung (§. 17), Behauptungen mussten neu begründet werden (§ 14), alte Vermutungen drängten sich wieder hervor (§ 40, 41), einzelne Stellen bedurften der Berichtigung (§ 26), andere der Ergänzung (§ 19, 20). Einige Nachträge waren also unvermeidlich, aber ich habe mich auf eine möglichst geringe Anzahl beschränkt.

1) Von Jodelle's Dramen schliesst sich wieder Cléopatre näher an Seneca, als Didon. Die meisten der originellen Sentenzen Jodelle's (alle Gedanken über Liebe z. B.) stehn in der Didon.

Gedanken über die Hoffnung. Verschiedenes Verhalten Seneca gegenüber: § 14; § 24, 1. 2; § 6. Für Jodelle characteristisch: pessimistische, subjectivistische Gedanken; Gedanken über die Liebe. — Für Garnier: entschiedene Opposition gegen den Selbstmord, Gedanken über Freiheit und Vaterland, grand cœur und honneur. — Religiöse Sentenzen in den Juives.

Nun gehe ich zu Garnier's unmittelbaren Vorgängern, den beiden Delataille über.

1. Die beiden Delataille.

§ 32. Im Daïre des Jacques de la Taille findet sich folgender Chorgesang:

Celuy, celuy seul est Roy	Il n'espie ce qu'autruy
Qui est coy	Dit de luy,
Et qui jamais ne balance,	Il ne craint mille comettes,
Ains d'un courage constant	Il hume toute boisson
Va domtant	Sans soupçon
De Fortune l'inconstance.	Que du venin on y mette,
Celuy seul est Roy qui point	Il est plus heureux cent fois
N'est espoint	Que les Roys,
D'une conscience horrible,	Bien que l'or ny que la soye,
Qui laisse passer le cours	Ny que la riche toison
De ses jours	En poison
En un silence paisible,	Teinte sus luy l'on ne voye,
Et combien qu'il vive obscur	Bien qu'en palais il ne soit
Il est pur	Et jaçoit,
D'ambition et d'envie	Que sa maison ne vomisse
Et ses vains souhaits bridant	Tous les matins forte gens
N'est ardent	Diligents
Aux plaisirs de ceste vie.	A presenter leur service.

Nun kommt in Garnier's Troades ein Chorgesang vor, welcher dieselbe strophische Form hat wie der Chor Delataille's. Vergleiche Garnier No. 646:

Quiconque Prince tu sois	Entouré de toutes pars
Dont lex loix	De soudars
A mille peuples commandent,	Qui valeureux te defendent.

mit der letzten Strophe Delataille's. Ueberhaupt zeigen die beiden Strophen eine gewisse Aehnlichkeit. Diese Aehnlichkeit beruht wahrscheinlich auf gemeinsamer Benutzung von folgender Sentenz Seneca's:

---

1) Dieser Chorgesang ist eine teilweis wörtliche Übertragung von S. 451. 452 (rex est qui metuet nihil rex est qui cupiet nihil u. s. w.) nimmt aber gegen Ende eine andere Wendung als diese Sentenz.

4*

Tu quicunque es qui sceptra tenes
licet omne tua vulgus in aula
centum pariter limina pulset u. s. w. (No. 622).

Die erste Zeile ist offenbar von Garnier übersetzt, der sich auch sonst an die lateinische Sentenz anlehnt. Die folgenden Zeilen haben grössere Aehnlichkeit mit Delataille als mit Garnier. Auch die vierte und fünfte Strophe Delataille's scheinen von Seneca (631b) beeinflusst. Gegen Ende nimmt Garnier's Chorgesang eine von Seneca unabhängige Wendung. Sonderbarerweise nimmt nun ein anderer Chorgesang des Daïre, der ein ganz ähnliches Thema behandelt [1], eine ganz ähnliche Wendung:

Garnier:	Jacques de la Taille:
Quiconque Prince tu sois ...	Quand les Rois attaignent
.. en tant de sujets	La feste de leur heur:
Nul de bon cœur te saluë ...	Ils ne sçavent cognoistre
Croy qu'à la premiere peur	Adoncs leurs amis vrais ...◦
Du malheur	(Mais si par destinee
Ils changeront de courage.	La chance du sommet
La foy n'arreste jamais	De sa roue tournee
Aux Palais	Tout ou plus bas les met)
Que la Fortune abandonne.	La flateresse tourbe
Chacun retire sa foy	Gaigne au pied, delaissant
De ce Roy	Son maistre dans la bourbe,
Que le malheur environne.	Pour suivre un plus puissant ...

Garnier's Sentenz hat also mit einem Chore Delataille's den Schluss und ungefähren Gedankengang, mit dem andern den Strophenbau gemeinsam. Bedenkt man nun 1) dass dieser Strophenbau bei Garnier hier zum ersten Male auftritt [2]; 2) dass der von Garnier benutzte Chor Seneca's nicht in Garnier's Vorbilde S.'s Tr., sondern im H. O. steht, Garnier also doch irgendwie darauf aufmerksam gemacht worden sein muss; 3) dass Garnier auch sonst, selbst da, wo er sich teilweis wörtlich an Seneca anschliesst, zugleich von andern Poeten beeinflusst scheint [3]; 4) dass auch andere Gedanken Jacques de la Taille's bei G. wiederkehren [4], so darf ich wohl annehmen, dass Garnier's Chorgesang zugleich von Seneca und Jacques de la Taille beeinflusst ist — vielleicht haben Delatailles Chöre erst Garnier auf jenen Chorgesang Seneca's aufmerksam gemacht.

---

1) Auch dieser Chor ist wahrscheinlich eine Variation von Seneca's Chor, besonders der Anfangszeilen (Nunc quoque casum quemcumque times, fidas comites accipe fatis): nam rara fides, ubi jam melior fortuna ruit.
2) Garnier wendet ihn noch ein einziges Mal Ac V. 1622 ff. an.
3) cf. § 37. — Der dritte Chor des Antoine (No. 219) der Seneca No. 218 teilweis wörtlich übersetzt, scheint zugleich aus Jodelle zu schöpfen (§ 40).
4) cf. § 33.

§ 32. Falls es mir gelungen ist Delataille's Einfluss auf Garnier nachzuweisen, so habe ich auch bereits einen jener Punkte gefunden, wo sich die Gedankenkreise J.'s und G.'s berühren. Denn jene Sentenz Delataille's, die inhaltlich mit Garnier übereinstimmt, ist metrisch und stilistisch von Jodelle beeinflusst. Ich citiere nur je 4 Zeilen:

Jacques de la Taille:	Jodelle 55:
Mais si par destinee	Mais si la destinee
La chance du sommet	Arbitre d'un chacun
De sa roue tournee	A sa chance tournee
Tout ou plus bas les met ...	Contre l'heur de quelqu'un ....

Von diesem Einfluss Jodelle's würde aber nichts in Garnier übergegangen sein.

§ 33. Ich sagte, dass auch andere Gedanken Delataille's bei Garnier wiederkehren. So findet sich in der Cornélie ein Sentenzenstreit, ob es tapfer oder feige ist, sich selbst zu töten [1]):

C'est par timidité que soymesme on se tue
Ayant contre un malheur l'ame trop abbatue. —
Ce n'est par lascheté, ny par faute de cœur
Qu'on recourt à la mort pour sortir de langueur. (V. 527-530).

Man vergleiche folgende Stelle Delataille's:

Tant y a que celuy magnanime je nomme
Qui soymesmes occit. C'est bien plustost un homme
Lasche et de peu de cuer, puis que son infortune
Il ne peut endurer qui à tous est commune — (S. 27b)

Dies Thema wird überhaupt bei Jacques de la Taille häufig erörtert (S. 16a, 24b).

Die letzte Sentenz·in Garnier's Sentenzenstreite lautet:

Ma fille gardez-vous d'irriter le grand Dieu
Qui met dans nostre corps comme dans un fort lieu
Nostre ame pour sa garde ...
Comme il n'est loisible au desceu de son Roy
Abandonner la place en luy faulsant la foy.
Il ne faut pas aussi que ceste place on rende,
Qu'on sorte de ce corps si Dieu ne le commande,
On l'iroit offensant, luy qui veut bien qu'ainsi
Qu'il nous preste la vie, il la retire aussi.

Da diese Sentenz von Cicero gesagt wird, führt Bernage (S. 43 oben) sie auf Cicero (De senectude 20) zurück: Vetat Pythagoras injussu imperatoris, id est Dei, de praesidio et statione vitae decedere.

Ich will dem nicht grade widersprechen, führe aber hier eine Sentenz aus Jean Delataille's Saül (S. 29b) an, die mir noch ähnlicher zu sein scheint.

---

1) Bei Seneca finden sich solche Sentenzenstreite nicht. Seneca ist nicht im Geringsten über diese Frage im Zweifel.

L'ame jointe au corps	Ainsi comme le soldart
Ne doit point saillir dehors,	Sur peine de mort ne part
Si Dieu, qui dans nous l'a mise,	Du lieu ou la guerre on meine
N'a son issue permise,	Sans congé du Capitaine.

Man beachte, wie alle Elemente der Sentenz Delataille's bei Garnier wiederkehren: der Vergleich mit Comme, ainsi comme eingeleitet, der Conditionalsatz: si Dieu u. s. w., der Relativsatz: lui qui, Dieu qui u. s. w., wie aber alles geflissentlich umgestellt ist.

Aus diesem Abschnitt geht hervor: 1) dass Jodelle's Einfluss bis Jacques de la Taille reicht; 2) dass Sentenzen Seneca's schon vor Garnier ganz in derselben Weise, wie später von Garnier, benutzt werden (cf. § 32 mit § 15 S. 27, § 8); 3) dass Gedanken über das gefahrvolle Dasein der Könige, entschiedene Opposition gegen den Selbstmord und Ausdrücke wie »magnanime«, »petit de cuer« (cf. § 21. 25. 26) sich bereits bei Garnier's Vorgängern finden; 4) dass Garnier wahrscheinlich von einzelnen Sentenzen der beiden Delataille beeinflusst wurde.

2. Grevin und Muretus.

§ 34. Grevin ist für das Studium Garnier's weit wichtiger, als die beiden Delataille. Aus Grevin hat Garnier nicht nur den ganzen vierten Akt seiner Cornélie geschöpft; Grevin hat schon die Porcie beeinflusst, bei Grevin kommen bereits alle Sentenzengruppen vor, die für Garnier Jodelle gegenüber charakteristisch sind, und die ich anfangs für originale Gedanken Garnier's hielt.

Wie Jacques de la Taille ist auch Grevin von Jodelle beeinflusst. Die erste Strophe des Chores V. 971 klingt an den Schlusschor Murets an. Die zweite und dritte Strophe sind aber ganz im Geiste Jodelle's gehalten:

C'est le sort des choses mortelles	Les tient au hault de l'esperance:
Et qui plus est de prendre fin	Telle est la divine ordonnance.
Incontinent que le Destin	

Wir haben hier ohne Zweifel eine stark verkürzte (und deshalb wohl ziemlich verunglückte) Umarbeitung von Jodelle No. 131. 140 ff. 169. Man vergleiche:

Grevin V. 994 ff.	Jodelle No. 169.
Car la nature est plus marastre	Ceste marastre nature
Aux hommes qu'aux aultre' ani-	Qui se monstre beaucoup plus dure
maux	A nous qu'aux autres animaux
Et semble que par les travaux	u. s. w.
Nous payons assez la raison	
Qu'elle nous donna.	

Auch Grevin V. 645 ff. ist wahrscheinlich von Jodelle (No. 413) beeinflusst.

§ 35. Grevin's Einfluss auf Garnier lässt sich aus den Sentenzen allein nicht so schlagend nachweisen, als wenn die Verse mit in Betracht gezogen werden, welche die Sentenz umgeben. — Sobald man dies thut, ist die Abhängigkeit Garnier's von Grevin augenscheinlich. Im vierten Akte der Cornélie gehn die Reden der Verschwörer teilweise auf die grosse Rede des Brutus im zweiten Akte Grevin's zurück. cf. Garnier V. 1205 ff.:

Decime Brute: »Toute ame genereuse indocile à servir
Deteste les Tyrans«.

Cassie: Je ne puis m'asservir,
Ny voir que Rome serve et plustost la mort dure
M'enferre mille fois, que vivant je l'endure.
Les chevaux courageux ne maschent point le mors,
Sujets au Chevalier, qu'avecque grands efforts.
Et les toreaux cornus ne se rendent domtables
Qu'à force pour paistrir les plaines labourables.
Nous hommes, nous Romains ayent le cœur plus mol,
Sous un joug volontaire irons ployer le col?
Rome sera sujette u. s. w.

Grevin V. 353 ff.

Brute: »On ne veit jamais un homme de grand-âme
»S'estre faict serviteur: car l'honneur qui l'enflâme
»Fait qu'il ne veult jamais servir à son pareil.
Et or' la liberté servira de Soleil
A Brute, pour prouver à chascun qu'il est homme
Descendu de celuy qu'on regrette dans Romme.
»Le lyon que Lybie esleve entre ses bras,
»Le taureau, le cheval ne prestent le col bas,
»A l'appetit d'un joug, si ce n'est par contrainte.
Fauldra il donc que Rome abaisse sous la crainte
De ce nouveau tyran le chef de sa grandeur .....
Rome ne peut servir, Brute vivant en elle ....

Muretus V. 127 ff.

Generosiores frena detrectant equi
Nec nisi coacti perferunt tauri jugum.
Roma patietur, quod recusant belluae? ...,
Vivente Bruto, Roma reges nesciet.

Ich mache auf dreierlei aufmerksam: 1) Garnier hat hier Grevin benutzt, nicht Muretus. 2) In der ersten Sentenz Grevin's: On ne veit u. s. w. ist bereits die Rede von grande âme, honneur und Freiheitsliebe (cf. § 24, § 26). 3) Man beobachte, wie Garnier Grevin's Sentenz verrenkt. Die letzte Zeile Grevin's erscheint viel früher (Rome ne peut .. u. s. w. bei G.: Je ne puis m'asservir ..); die ganze Stelle wird zerlegt, eine Sentenz dem Decimus Brutus, die andere dem Cassius in den Mund gelegt. Einen ähnlichen Kunstgriff werden wir später kennen lernen.

§ 36. Ebenso wie die Scene zwischen den Verschwornen, ist auch die andere Scene zwischen Caesar und Antonius von Grevin beeinflusst, doch nicht so auffallend wie erstere. Sicherlich ist z. B. der Sentenzenstreit No. 703. 704 u. s. w., den ich § 24 erwähnte, von Grevin V. 171 ff. angeregt, und Caesars Antwort: Il vaudroit mieux mourir u. s. w. (No. 392) finden wir ganz ähnlich bei Grevin : Il vault bien mieux mourir u. s. w. (V. 14).

Auch die Porcie ist bereits von Grevin beeinflusst. Man vergleiche Porcie V. 608 ff.:

> Nourrice je ne sçay : mais une froide crainte
> S'est depuis quelque temps en ma poitrine empreinte ......
> »La peur ne print jamais racine en brave cœur«.

mit Grevin V. 667 ff., 677 ff.:

> Nourrice je ne sçay quel destin me menace :
> Mais une peur tremblante en ma poitrine efface
> Tous les plaisirs passez .....
> Vous sçavez que la peur
> Ne trouva jamais lieu sinon en petit cueur.

Die von Garnier benutzten Sentenzen Grevin's sind teils aus Muretus geschöpft, teils nicht. Nicht auf Muret zurück gehen die Sentenzen über honneur und grand (oder petit) cœur. Dagegen finden sich bei Muretus bereits Gedanken über die Vaterlandsliebe.

> Garnier: Qui meurt pour le païs vit eternellement (713)
> Grevin (V. 452): Celuy meurt heureux qui meurt pour son pays.
> Muretus (V. 126): bene moritur qui patriam morens juvat.

§ 37. Manchmal schliesst sich Garnier aber auch direkt an Muretus an. So ist der Chor zum vierten Akte der Cornélie eine Uebersetzung von Murets zweitem Chore. Cf. No. 654. 655. 651. 639 ff. mit Muret V. 196 ff. Z. B. folgende Stellen :

O combien les Rois sont couverts	O quot quibusque est plena periculis
Tous les jours de hasards divers	sors imperantum
Qu'au sort est sujette leur vie	
Peu de tyrans selon le cours	rarus tyrannus morte perit sua
De nature ferment leurs jours	

und öfter. Der Chor Muret's wiederum ist ein Konglomerat verschiedener Sentenzen Seneca's; etwa:

618: ut praecipites regum casus fortuna rotat, 629: rarum est felix idemque senex 620: jura pudorque et conjugii sacrata fides fugiunt aulas 619: metui cupiunt, metuique timent 631b: pectora pauper secura gerit, ... non trepida tenet ille manu u. s. w.

Grevin benutzte Murets Chorgesang für V. 825 ff.:

Tousjours, tousjours l'estat des Rois Est plein de perils et d'effrois u. s. w.

Dieser Chor Grevin's scheint aber ohne Einfluss auf Garnier geblieben zu sein.

Muretus hat wohl auch jenen § 15 erwähnten Chor Garnier's beeinflusst, der sich anfangs an Seneca anlehnt, dann aber eine entschieden christliche Wendung nimmt.

Murets Schlusschor scheint in bewusster Opposition gegen Seneca geschrieben zu sein. Hatte Sececa behauptet:

> post mortem nihil est, ipsaque mors nihil ,.. mors individua est noxius corpori nec parcens animae,

so beginnt Muretus seinen Chor mit der ausdrücklichen Behauptung:

> Sunt manes aliquid: cumque diem ultimum Adduxit fera mors, est aliquid tamen, Quod vetat Libitinam. (V. 551 ff.)

Wie ich schon § 15 erwähnte, schliessen sich Garnier's erste 6 Zeilen wörtlich an Seneca an, dann aber nimmt Garnier's Chor plötzlich dieselbe Wendung wie Murel's Sentenz.

Garnier: comme d'un bois gommeux u. s. w. (No. 246) (ut calidis fumus ab ignibus u. s. w. Sen. No. 240).

Ainsi de nostre corps mourant	Muretus:
La belle ame se retirant	rursus sidereas convolat in domos
Au ciel remonte.	.... atque illic numero caeliculum additum u. s. w.
Elle séjourne avec les Dieux	Seneca:
En un repos delicieux	sic hic quo regimur spiritus effluet
u. s. w.	post mortem nihil, mors ipsaque nihil u. s. w.

Wir haben hier also denselben Fall wie § 32: Garnier benutzt einen modernen Poeten, daneben dessen Vorbild und zwar schliesst er sich in beiden Fällen wörtlicher an das Vorbild, als der andere Dichter.

Aus diesen wenigen Bemerkungen ergiebt sich also: Jodelle hat auch Grevin beeinflusst. Garnier benutzt Grevin, besonders für den vierten Akt der Cornélie, doch auch für die Porcie. — Neben Grevin schöpft er aus Muretus. — Alle § 24, 25, 26 angegebenen Gedankengruppen, die nicht aus Seneca geschöpft sind, finden sich bereits bei Grevin. Selbst da, wo Garnier sich erst an Seneca anschliesst, dann aber eine selbständige Wendung annimmt, scheint diese selbständige Wendung nicht selten von andern Poeten beeinflusst zu sein.

3. La Péruse und Jodelle.

§ 38. Wie sich bei Grevin bereits fast alle Gedankengruppen finden, die Garnier unabhängig von Seneca und Jodelle hat, so kommen bei Lapéruse schon die hauptsächlichsten Sentenzengruppen Seneca's vor, denen wir später bei G. begegnen: Fatum, Fortuna, aurea mediocritas, König.

Und zwar spricht Lapéruse keineswegs wie Jodelle über den von Fortuna Begünstigten, über den Wechsel von Lust

uud Leid, sondern ganz wie Seneca und Garnier über Fortuna
selbst und über die Veränderlichkeit alles Irdischen:

Le sort fatal regit les Roys et leur emprise,
Conseil n'a point lieu où fortune maistrise. S. 18.
(Son ordre point ne s'arreste pour la grandeur d'un Roy. G. No. 69b.
Ferner: la raison, la prevoyance y est vaine 71b).

Soubs le ciel les choses sont (Rien n'est durable icy bas
Toutes inconstantes Rien si ferme ne demeure
Et par rang vont et revont Qu'il ne change d'heure en heure.
Leur ordre changeantes. G. No. 122).

Des Roys et grans seigneurs la fortune se joue
Et tourne à malheur le plus souvent la roue.
La foudre rue bas les plus superbes tours
Mais le toict du berger sans peur dure ses jours.

(Jacques de la Taille sagt 10a: Garnier No. 423:
C'est ainsi qu'en sa roue La Fortune n'outrage pas
La Fortune se joue Volontier les personnes basses ...
De ce monde incertain Les Rois craignent plus ses menaces..
Jcelle favorise Et le foudre est souvent aux places
Les plus petits et brise Qui se montagnent plus le front).
Ce qui est plus hautain.

Lapéruse betont also schon ganz speziell das gefahrvolle Dasein
der Könige (§ 11, 40 ff.). Jodelle hatte meist nur im Allgemeinen über die Unsicherheit derer gesprochen, die sich in
hoher Stellung befinden (§ 11, 29, 32).

*§ 39. Die citierten Stellen von Lapéruse enthalten übrigens
zwar Gedanken Seneca's, sind aber keineswegs wörtliche Uebersetzungen. Ueberhaupt verfährt Lapéruse mit den Sentenzen
der Medea sehr frei. Er lässt weg, führt neu ein, fügt hinzu,
kürzt, verlängert, ganz wie Garnier (§ 6). Wenn er wörtlich
übersetzt, gelingt es ihm nicht selten ganz gut den lateinischen
Trimeter in einen französischen Alexandriner umzugiessen.
Dann fügt er wohl auch einen zweiten Alexandriner hinzu,
welcher dem ersten antwortet, und wir haben einen kleinen
Ansatz zu einem Sentenzenstreite (cf. Garnier § 7. S. 17).

Seneca: iniqua numquam regna perpetua manent.
Lapéruse: Regne sans equité n'est pas longtemps durable. —
On ne peut aux meschans estre point equitable.

Ein Einfluss Jodelle's ist vielleicht in folgender Uebersetzung
von Seneca Med. 153 zu finden:

S.: ira quae tegitur nocet
professa perdunt odia vindicta locum.
Lapéruse S. 19: Tant et tant plus que le malheureux songe
En son malheur, plus son malheur se ronge,
Plus il se fasche et moins se peut cacher
L'occasion qu'il a de se fascher.

cf. Jodelle 265-268 — und § 27. 28.

§ 40. Die bisherige Untersuchung hat uns also gezeigt, dass Jodelle auf viele seiner Nachfolger einwirkte, und dass Garnier sich von vielen seiner Vorgänger beeinflussen liess — sollten sich nun grade zwischen Jodelle und Garnier keine Beziehungen finden lassen? Es lassen sich solche Beziehungen finden. Es giebt in Garnier einzelne Stellen, die sehr wohl auf Jodelle zurückgehen können. Ob sie aber auf Jodelle zurückgehen müssen?

Nur bei den Gedanken Garnier's, die wir bisher auf christlich-modernen Einfluss zurückführten (Prädestination, Resignation, Hoffnung), wird an eine solche Beeinflussung zu denken sein und wenn die Gedanken irgend eines Drama's Garnier's von Jodelle beeinflusst wurden, so ist es am wahrscheinlichsten vom Antoine anzunehmen.

Vielleicht treten nun grade im Antoine solche »christlich-moderne« Gedanken hervor. Ich prüfe daraufhin die Gedanken des Antoine und finde ein Sentenzengespräch, das in vielfacher Hinsicht auffällig ist und eine nähere Besprechung verdient. Es zeigt sich nehmlich: 1) dass von den Gedanken Garnier's, welche das Fatum ausdrücklich als Prädestination auffassen, drei in diesem Gespräche stehn (cf. § 19). 2) dass eine dieser Sentenzen eine gewisse Aehnlichkeit mit jener Sentenz Grevin's hat, die von Jodelle beeinflusst ist (cf. § 34). 3) dass dieses Gespräch in einer Szene des Antoine steht, in welcher sich manche weitere Anklänge an Jodelle finden (cf. unten).

In der ersten jener Sentenzen (No. 92—94) bezweifelt Cleopatra die absolute Prädestination; denn nach ihrer Ansicht mischen sich die Götter nicht in die Angelegenheiten der Menschen. Wir haben es hier mit einer jener Verzweiflungssentenzen zu thun, in welche Garnier's Heroinen nach dem Muster von Seneca's Octavia auszubrechen pflegen [1]). Diese Sentenzen sind von Garnier nicht ernst gemeint; denn es ist bei ihm immer jemand zur Hand, der die an Gott verzweifelnde Heldin eines Bessern belehrt. Das thut in diesem Falle Charmium. Charmium bekämpft die gotteslästerliche Ansicht ihrer Herrin mit einer freien Uebertragung von Sen. No. 63—67 und am Schluss ihrer ziemlich langen Rede bringt sie dann noch die Sentenz No. 92. 93.

Diese Sentenz nun scheint mir von demselben Chore Jodelle's beeinflusst, den auch Grevin benutzte. Sie beschäftigt sich mit

---

1) Schon Grevin's Calpurnia hat ähnliche Anwandlungen, cf. 921 ff. Cf. ferner: Cornélie 1081 ff.; Seneca Oct. V. 933-935.

drei Gedanken, die bei Seneca gar nicht vorkommen oder sehr unausgebildet sind, während der Chor Jodelle's sie in ziemlicher Breite behandelt. Der erste Teil spricht über Prädestination.

J. 139. 40.	G. 92.
D'un tel ordre ils entrelacent	Toute grandeur du monde est par
L'heur au malheur u. s. w.	. eux terminee ...
	personne ne peut enfreindre leur
	arrest. u. s. w.

Dann wird die Blindheit der Menschen besprochen.

G. 93.	J. 143.
qui plus est ¹) encor, à nous lan-	Des evenements l'inconstance
goureux hommes	Engendre en eux une ignorance ..
N'est cognen ce destin et vivans	Pour l'heur le malheur ils choisissent
ne sçavons	u. s. w.
Combien ne comment vivre au monde	
nous devons ²).	

Und der Schluss entwickelt Garnier's Gedanken über die Hoffnung:

Si ne faut-il pourtant d'un desespoir se paistre
Et se rendre chetif auparavant que l'estre. (cf. J. 140. 141).

Die letzte Zeile ist vielleicht vom Schlusse Jodelle's angeregt, wo dieser vom »discours dommageable« spricht »qui rend un homme miserable Et avant et après ses maux« (No. 141). Auffallend ist der entschiedene Optimismus Garnier's. Wendet sich Garnier etwa absichtlich gegen Jodelle's Pessimismus?

Der pessimistische Ton Jodelle's findet sich aber in einer andern Sentenz des Antoine über Hoffnung wieder:

J. 140. 141.	G. 377.
l'homme	L'esperance qui nous conforte
Ne peut avoir que l'esperance	En nos angoisses n'est si forte;
De plus grande felicité.	Car souvent elle nous deçoit ...
Pendant que chetif il espere	Mais la mort en sa foy certaine
(Chacun en sa condition)	Ne repaist d'apparence vaine ...
La Mort oste l'occasion	
D'esperer rien de plus prospère.	

Diese Gedanken über Hoffnung sind besonders wichtig, weil im A. Garnier's Sentenzen zum ersten Male über Hoffnung sprechen

---

1) Diese Phrase findet sich auch in Grevin's Sentenz — an eine Vermittlung Grevin's ist aber nicht zu denken.

2) Aehnliche Gedanken fand ich nur noch bei Buchanan.

cf. Jephthes S. 24b:
erroris nebula et tetris
ignorantia septa tenebris
sic humanas sepelit mentes
nec .... quisquam ... potis est
veri simplicis aut virtutis
... callem ... insistere

Florent Chrestien übersetzt S. 48:
une epaisse ignorance
Ensevelist nostre inconstance
N'y a personne ....
... qui tienne la droite sente

— sind nun die Gedanken über Prädestination und Hoffnung [1]) etwa von Jodelle angeregt?

§ 41. Ich sagte, dass die Szene, in welcher die besprochenen Sentenzen stehen, die meisten Anklänge an Jodelle besitzt. So ist der Sentenzenstreit zwischen Cleopatra und ihren Kammermädchen vielleicht von dem ganz ähnlichen Streite bei Jodelle angeregt, etwa:

Inhumain est celuy qui se brasse la mort.
Inhumain n'est celuy qui de miseres sort.
        von Jodelle:
Il ne faut que ma mort pour bannir ma complainte.
Il ne faut point mourir avant sa vie esteinte.

Deutlich zeigt sich Jodelle's Einfluss nach meiner Ansicht in folgenden Versen, die allerdings nicht in das eigentliche Bereich meiner Untersuchung gehören. Bei Jodelle sagt Cleopatra zu ihren Kammerjungfern:

Mais pourquoy perdez-vous vos peines ocieuses?

Darauf antwortet Charmium:

Mais pourquoy perdez-vous tant de larmes piteuses?

Diese beiden Fragesätze mögen Garnier gefallen haben. Er ahmt sie nach und sucht natürlich, wie jeder Nachahmer, sein Muster zu überbieten. Er führt deshalb in den Antoine nicht zwei, sondern fünf Fragesätze mit pourquoy ein; und da bei Jodelle diese Fragen von verschiedenen Personen ausgesprochen werden, so legt er sämtliche fünf pourquoy einer einzigen Person in den Mund und zwar gerade derjenigen, die bei Jodelle kein einziges Mal pourquoy sagt, — der Eras. — So kommt es denn, dass diese Kammerjungfer folgende Ansprache an ihre Herrin hält:

Pourquoy vos maux cruels
Allez-vous aigrissant de cris continuels?
Pourquoy vous gesnez-vous de meurdrissantes plaintes?
Pourquoy vous donnez-vous tant de dures estraintes?
Pourquoy ce bel albastre arrousez-vous de pleurs?
Pourquoy tant de beautez naurez-vous de douleurs? (Antoine V. 418 ff.)

---

1) Oder hat Garnier diese Gedanken aus St. Gelais oder Trissino? Bei Trissino (Classici Italiani Bd. 240. S. 135) kommt folgende Stelle vor: La fallace speranza de' mortali A guisa d'onda en un superbo fiume Ora si vede or par che si consume u. s. w. St. Gelais hat hier einen Chorgesang, dessen Mittelpartie eher an Jodelle (No. 130) als an Trissino erinnert. Der Anfang des Chores lautet: Las trop s'abuse qui fonde en chose de ce bas monde Le but de son esperance (Garnier A.: Il ne se treuve rien de durable en ce monde. Tousjours sera trompé qui son esprit y fonde No. 124). Im Allgemeinen tragen übrigens die Sentenzen der Sophonisbe einen wesentlich anderen Charakter als die Sentenzen der übrigen französischen Tragödien, obwohl Uebereinstimmungen im Einzelnen vorkommen.

Auch ausserhalb der eben besprochnen Szene lassen sich Aehnlichkeiten zwischen dem Drama Garnier's und Jodelle's entdecken. So ist der erste Chorgesang des Antoine ganz in dem pessimistischen Tone Jodelle's gehalten. Zuweilen findet sich in demselben auch eine gewisse formelle Aehnlichkeit mit Jodelle, cf. No. 254 mit 130. Ueberhaupt vergleiche man diesen Chorgesang mit dem ersten Chore der Cléopatre.

Ist es mir gelungen, auf solche Weise den Einfluss Jodelle's auf Garnier wahrscheinlich zu machen? Bedeutend ist dieser Einfluss auf keinen Fall gewesen, wenigstens nicht, so weit die Sentenzen in Betracht kommen. Die Gedanken über Hoffnung können ebensogut von St. Gelais und den Italienern beeinflusst sein und die Auffassung des Fatalismus als Prädestination findet sich auch in den religiösen Dramen, wie im nächsten Abschnitte noch näher gezeigt werden wird.

4. Einiges über die Auffassung von Fatum und Fortuna bei den Zeitgenossen und über die Sentenzen des religiösen Drama's.

§ 42. Die Ideen von Fatum und Fortuna scheinen in Jodelle's und Garnier's Zeiten vielverbreitet gewesen zu sein; doch mag man sehr gut gefühlt haben, in welchem Widerspruch diese Ideen zur Idee des christlichen Gottes stehn. So wirft schon der französische Humanist Tardif[1]) seinem Gegner Balbus vor, er habe gesagt: omnia sors variat; — das sei nicht wahr, nicht sors, sondern Gott lenke alle Dinge; und Desmasures im David comb. S. 127 behauptet ausdrücklich: En Dieu n'y a rien de fortune.

In den Ländern der Inquisition war es überhaupt verboten, die Worte Fatum, Fortuna zu gebrauchen[2]). Montaigne z. B. erzählt uns in seinen Voyages[3]), während seines Aufenthaltes in Rom hätte er seine Werke von den gelehrten Censoren prüfen lassen:

et estimoint tant de ma franchise et conscience qu'ils remetoint à moi-mesmes de retrancher en mon livre quand je voudrois reimprimer ce que j'y trouverois trop licentieux et entr' autres choses les mots de fortune.

Und noch Pasquier findet es nötig zu erklären (Buch 8, Cap. 5):

Quand je nomme icy la Fortune, afin que je n'appreste à aucuns occasion de se scandaliser, j'entends les mysteres de Dieu qui ne se peuvent descouvrir par nostre prudence humaine.

---

1) cf. Ludwig Geiger, Studien zum französischen Humanismus S. 25.
2) cf. Anmerkung zu Montaigne. Ausgabe im Panthéon S. 111.
3) cf. Montaigne. Ausgabe im Panthéon S. 704.

§ 43. Im frühsten religiösen Drama kommen Gedanken über das Fatum fast nie vor; auch Fortuna wird nur selten erwähnt; erscheint aber späterhin öfter [1]). Desmasures sagt einmal (S. 134):

A qui a le cœur haut Fortune est preste.

und Jean de la Taille ruft S. 28a aus:

O malheureux celuy qui sur elle s'asseure.

In den Juives sind Sentenzen über Fortune häufiger, z. B. No. 118. 150. 441.

An Stelle der fatalistischen Sentenzen finden sich im religiösen Drama Gedanken über Gottes Schutz und Gottes Fügung:

Dieu veut-il qu'on se hasarde?
Hasardé n'est point que Dieu garde.   Beze S. 18.
Le prudent peut fuir sa fortune maligne. —
L'homme ne peut fuir ce que le Ciel destine. — Jean de la Taille S. 16b.

Mit den Gedanken über Fortuna ist der Gedankenkreis nahe verwandt, der sich mit der Vergänglichkeit alles Irdischen beschäftigt. Dieser Gedankenkreis widerspricht christlichen Anschauungen durchaus nicht und ist denn auch bereits bei Beza vertreten:

Il n'y a rien qui soit ferme,
Rien n'y a qui ait son terme.
Dieu tout puissant qui tout garde
Rien icy bas ne regarde
Qui tousjours dure. (S. 23).

Auch Desmasures sagt David triomphant S. 104:

Rien n'est sur ne durable au monde.

Bei Garnier ist dieser Gedanke häufig: No. 122 ff.

---

§ 44. Auffällig sind in den Juives die sehr ausgedehnten Sentenzenstreite über die Pflichten des Königs. Aehnliche Sentenzenstreite kommen auch bei Desmasures und Buchanan vor; z. B. Buchanan, Baptistes S. 57. 58:

regna mala servat metus. —
et regna vertat facile impunitas. —
securus est quem civium servat fides. —
necesse reges est timeri; diligi
necesse non est. — odia crudelem premunt,
in rege vulgo lenitas contemnitur.   u. s. w.

Desmasures S. 240:

---

1) Die von Chassang (46-57, 67-77) erwähnten Chorgesänge scheinen ebenfalls nur selten über Fortuna, nie über das Fatum zu sprechen.

Le Roy ne doit vouloir faire tort à personne. —
Au Prince le subjet n'impose point la loy. —
Faire et garder justice est le devoir du Roy. —
S'il le veut, soit la chose equitable ou inique? —
Dieu le garde d'avoir un vouloir tyrannique. —
Mais au Roy obeir il faut qu'on ne differe.

Sollte Garnier diesen Sentenzenstreit für jene Gedanken der Antigone benutzt haben, die Sophocles nur angeregt, aber nicht näher beeinflusst hatte? (cf. § 25).

---

§ 45. Wie in den übrigen französischen Tragödien, so findet sich auch im religiösen Drama der Gedanke von der aurea mediocritas. Dieser Gedanke scheint in der That von den damaligen Poeten als ein unentbehrliches Requisit jedes Drama's betrachtet worden zu sein und erbt sich von Tragödien-Geschlecht zu Geschlechte — ich möchte beinahe sagen »wie eine ewge Krankheit« — fort, so dass man das alte Erbstück schliesslich etwas klassisch aufpoliert auch noch bei Racine wiederfindet. Schon Jodelle hatte seiner Zeit behauptet:

O quel heur à la personne
Le ciel gouverneur ordonne
Qui contente de son sort u. s. w. (No. 419).

Dem stimmt Desmasures durchaus bei (S. 166):

Heureux l'homme qui fait son cours
En passant incogneu ses jours
Et qui seul sa maison petite
Garde et habite

Ebenso sagt Grevin (wahrscheinlich von Jodelle beeinflusst):

Heureux et plus heureux l'homme qui est content
D'un petit bien acquis et ... (V. 645 ff.)

Jean de la Taille (S. 27b) erinnert wieder mehr an Desmasures:

Heureuse et plus qu'heureuse est la basse logette
Qui n'est jamais aux vents ny aux foudres subjecte.

Derselben Meinung ist natürlich auch Garnier:

O qu'heureux est celuy qui vit tranquillement
En son petit mesnage avec contentement (No. 406 — Juives V. 1569, 70).

Aus Garnier oder vielleicht direkt aus Grevin (cf. V. 652) schöpft Hardy seine Weisheit:

O quatre fois heureux qui libre n'a que faire
Satisfait de son peu sinon qu'à se complaire
Qui de personne craint ne craint personne aussi. (Ariadne 217-219).

---

1) Obwohl der Gedanke natürlich auf Seneca (oder vielleicht auch Horaz) zurückgeht, zeigt doch grade die stilistische Uebereinstimmung, wie sehr alle diese Poeten von einander abhängen.

Rotrou ist dann wenigstens so geschickt, das in einem Alexandriner zu sagen, wozu man bisher mindestens zwei gebraucht hatte:

Heureux qui satisfait d'une basse fortune. Constante II, 1.

Und aus Rotrou geht dann endlich dieser tiefphilosophische Weisheitsspruch in Racine über:

Heureux qui satisfait de son humble fortune. Iphigénie 1, 1 [1]).

§ 46. Nachträge.

Anm. 1. Zur Einleitung: Die auf S. 2 gegebene Definition von Sentenz macht natürlich nicht den allergeringsten Anspruch darauf, eine allgemeingiltige Erklärung der Sentenz zu sein. In dieser Definition wollte ich nur die Normen feststellen, nach denen ich entschied, ob etwas in den Bereich meiner Untersuchung gehörte oder nicht. Andere verstehen anderes unter Sentenz. So sagt Nisard in seinen Etudes: »Par ce mot »sentences« j'entends plus spécialement ces sortes de demi-vérités, qui n'appartiennent proprement ni à la philosophie ni à la morale, mais qui participent un peu de toutes les deux, et consistent en aperçus vagues, qui sont sur la voie de quelque vérité de l'un ou l'autre ordre ou bien en petites vérités d'exception données d'un ton d'oracle pour des axiomes absolus et des dogmes de foi«. Nisard hat hier besonders die Sentenzen Seneca's im Auge und er macht mit Recht darauf aufmerksam, dass diese oft nur »sur la voie de quelque vérité« sind. — Absolute Wahrheit wird man von einer Sentenz überhaupt nicht verlangen — aber auch Lessing's Forderung, dass sie wenigstens poetisch wahr sein sollen (Hamb. Dr. 2. Stück) erfüllen nach § 5 Seneca's und Garnier's Sentenzen nicht. Denn bei Seneca und seinen Nachahmern ist es ja keineswegs die Person, die in der Sentenz ihren »Zweck denkt« (wie Vischer es ausdrückt), sondern der Dichter denkt die Sentenzen und die Personen sind nur »bouches éloquentes«, keine Charaktere [2]).

Anm. 2. Zur Einleitung S. 4: Wie sehr auch andere Poeten, z. B. Pierre Matthieu von Garnier's Sentenzen abhängig sind, zeigt schon eine Vergleichung der von Parfait citierten Sentenzen mit Garnier, z. B. S. 443: »Les grandes ont tousjours les esprits allumez De vouloirs non permis et peu accoustumez«, mit No. 896: »Tousjours, tousjours les grands ont leurs âmes esprises Ont leurs cœurs enflammés des choses non permises«. — Zu S. 5 u.: Gedanken über Ehre und grand cœur kommen nach § 35 bereits bei Grevin vor. Die Aehnlichkeit dieser Gedanken mit dem Ehrcultus des spätern spanischen Drama's ist allerdings auffällig

---

1) Die letzten beiden Sentenzen nach Pfropfen Zs. f. nfr. S. u. L. VII. 2. Die andere der dort citierten Sentenzen »On ne repasse point le noir fleuve des morts« vergleiche man mit 174 ff.; ferner Corneille, Polyeucte V. 161: A raconter ses maux souvent on les soulage mit No. 309 ff., z. B.: Raconter ses ennuis n'est que les exhaler (No. 314).

2) cf. Nisard, über Seneca: vous ne voyez pas de caractères, mais des situations. — Faguet, S. 184, über die Porcie: Quant aux caractères on peut vraiment dire que Garnier n'a pas même eu l'idée de s'en occuper.

58

(cf Calderon El médico de su honra: »el honor con sangre, señor, se lava«). Die beiden Gedankenkreise können sich aber auch unabhängig von einander entwickelt haben.

Anm. 3. Zu § 14. Dass Seneca und nicht die griechische Tragödie die Sentenzen Jodelle's und Garnier's beeinflusste, scheint · mir aus Folgendem hervorzugehn: 1) Einzelne Gedanken über das Fatum finden sich zwar bei Sophocles (besonders in der Antigone); bei Euripides sind Sentenzen über die Wandelbarkeit alles Irdischen ziemlich häufig [1]). Gedanken über Fatum, Fortuna und aurea mediocritas zugleich kommen nur bei Seneca vor (doch ist ein Einfluss des Euripides auf Jodelle nicht gerade ausgeschlossen: Gedanken über die Götter). 2) Ganz wie bei Seneca, so werden bei Jodelle und Garnier diese Gedanken mit Vorliebe in den Chorgesängen behandelt. Ueberhaupt deutet der Sentenzenreichtnm der Chorgesänge besonders auf Seneca und nicht auf die Griechen. Bei Euripides wirft der Chor seine Sentenzen meist als kurze Bemerkungen zwischen die Handlung. Das kommt bei den Franzosen, namentlich bei G. selten vor. 3) Für Seneca spricht dann noch die grosse Beliebtheit, in der Seneca damals stand. So citiert auch Montaigne Sentenzen aus Seneca's Tragödien, z. B. No. 316 (Cap. 2 der Essais), No. 749 (Cap. 22). Und endlich: Selbst, wenn Garnier sich an ein griechisches Drama anschliesst, benutzt er doch nur selten die Sentenzen desselben — aus der Phädra des Euripides ist z. B. kein einziger Gedanke in Garnier's Hippolyte übergegangen.

Jodelle und Garnier haben auch ohne Zweifel direkt aus Seneca und nicht aus Muretus [2]) und Buchanan geschöpft. Denn 1) Irgend ein Grund eine Vermittlung Muret's und Buchanan's zwischen Seneca und Jodelle anzunehmen, liegt nicht vor. Und wenn Garnier sich zuweilen an Muretus anlehnt (§ 37), so hat er doch andererseits auch Sentenzen mit Seneca gemein, die bei Muretus nicht vorkommen (z. B. Sentenzenstreite über die Pflichten des Königs §. 25). 2) Jodelle und Garnier schliessen sich in mancher Beziehung näher an Seneca an, als die beiden Humanisten. So treten bei ihnen die Gedanken über aurea mediocritas mehr in den Vordergrund. Bei den Humanisten wird die aurea mediocritas nur gelegentlich erwähnt. Bei Buchanan wird, wie in allen religiösen Dramen, fast nie über das Fatum gesprochen. Muretus vermengt Fatum und Fortuna zu einem unbestimmten Sors (V. 52 ff.), führt wohl auch den Namen Nemesis dafür ein (V. 323). Jodelle und Garnier halten ganz wie Seneca die beiden Begriffe auseinander.

Anm. 4. Zu § 19. Ueber Seneca's Fatalismus sagt Nisard I, 72: Les personnages des Tragédies de Sénèque sont fatalistes, non pas à la manière de la Grèce religieuse qui croyait au dieu Destin: le fatalisme stoïcien est tout philosophique, il n'est point religieux. .... Lachésis et son fuseau ne sont là qu'un lieu-commun de poésie, qui donne au morceau la couleur locale, et n'impliquent aucune foi ni même de la part du chœur .... Der Fatalismus der Sentenz geht in einzelnen französischen Tragödien auch auf die Handlung über, cf.

---

1) cf. den Artikel Fatalismus in Herzog's protestantischer Encyclopädie (1. Aufl.). Danach erscheint das Fatum des Sophocles bei Euripides als Fortuna (τύχη).

2) Einzelne spezielle Fälle ausgenommen. cf. § 37.

Faguet S. 144 über den Saül Delataille's: Il y a dans cette pièce une grande idée générale .... L'idée générale c'est l'homme sous la main de Dieu, la créature humaine, faible et ornée, se sentant de plus en plus écrasée par une volontée supérieure, dont elle souffre le poids, sans en comprendre les secrets desseins. Cette sorte de fatalité pesant sur l'homme et le terrassant malgré ses plaintes et malgré ses révoltes, sans lui répondre et sans l'entendre, voilà l'idée centrale ....

Anm. 5. Zu § 27-30. In diesen kurzen Abschnitt haben sich leider mehrere Versehen eingeschlichen, zunächst ein Druckfehler: § 27 Z. 8 muss gelesen werden: Nichts ist beständig. — Dann fasst die letzte Zeile dieses § Jodelle's Sentenz No. 202 nicht ganz richtig auf. Die Worte Jodelle's: »Plus grande est la peine Que l'outrageux sort aux amis ameine« beziehen sich nicht auf den allgemeinen Schmerz des Daseins, sondern auf den ganz bestimmten Schmerz, der den Freunden durch den Tod ihres Freundes bereitet wird. Und endlich wurde Sentenz 822b übersehn. Die § 30 ausgesprochne Bemerkung, dass Garnier vielleicht durch eine gewisse Galanterie zur Auslassung mancher Sentenzen bewogen worden sei, ist also unhaltbar. — Eine nochmalige genaue Vergleichung der Sentenzen Garnier's mit denen Seneca's bestätigte vielmehr die § 29 angeführte Behauptung, dass sich Garnier's Ansicht über die Liebe (und auch über das Weib) durchaus an Seneca anschliesst. Garnier's Sentenzen fassen die Liebe ganz materialistisch auf [1]). Schon Ausdrücke wie »fureur amoureuse« (875), »brutale rage« (873), der Hinweis auf die Thiere des Feldes und Waldes (Là l'innocence amour s'excerce volontaire Sans pallir sous le nom d'inceste ou d'adultere No. 881) zeigen deutlich, was Garnier unter Liebe versteht. Diese Liebe sitzt nicht im Herzen, sondern im Blute: »nostre sang est infect de sa poison« (873); wir fühlen sie »bouiller comme un souffre dans nos veines« (869), kurz es ist ganz die Liebe Seneca's: »l'amour sensuel, cynique, impudent, le désir qui ne peut pas parvenir à cacher son impureté« (Nisard II, 120). Ein Weib, das von dieser Liebe ergriffen wird und keine Gegenliebe findet, ist zu jeder Tollheit und Schandthat bereit (891), und in der That ist nichts qualvoller, als die Liebe, »Quand Cupidon fait que celuy Qui a le remede avec luy N'a la volonté secourable«. -- Da diese Gedanken im Hippolyte stehn — obwohl sie keineswegs Uebersetzungen aus Seneca sind — so wäre es voreilig, aus ihnen Schlüsse auf Garnier's Ansicht über die Liebe im Allgemeinen zu ziehn. Garnier scheint seine Ansicht über die Liebe mehr in den Sentenzen der Bradamante [2]) niedergelegt zu haben. Diese Sentenzen habe ich aber hier nicht in Betracht gezogen, weil nach meiner Ansicht die Sentenzen der Tragicomödie besser in einer besonderen Untersuchung behandelt werden. Eins aber scheint mir aus den angeführten Gedanken hervorzugehn: dass neben gelungnen Partieen in Garnier's Dramen sich auch Stellen von unglaublicher Plumpheit finden. So ist die oben citierte Stelle aus No. 875 »Quand Cupidon« u. s. w. entweder gemein oder albern. Und der Hinweis auf die Thiere des Waldes ist nicht viel besser. Ueberhaupt machen

---

1) Etwas edler ist der Lobgesang auf Amor Ac. V. 2326 gehalten, der sich vielleicht an Seneca, Phädra V. 279 ff. anschliesst.

2) Die Sentenzen der Tragicomödie beschäftigen sich überhaupt viel mehr mit der Liebe, als die Sentenzen der Tragödie.

Garnier's Sentenzen über die Liebe einen philisterhaften, beinahe beschränkten Eindruck [1]). Man kann vielleicht einwenden: das liegt in der Zeit — aber man vergleiche Garnier's Sentenzen über die Liebe mit denen Jodelle's — man denke daran, mit welcher Grazie und mit welchem Geiste Montaigne über ähnliche Dinge spricht.

Anm. 6. Zu § 31 Anm. und § 8. Bernage hat die interessante Entdeckung gemacht, dass manche Chorgesänge Garnier's Uebertragungen Horazischer Oden sind (so geht nach ihm Cornélie V. 151 ff. auf die Ode Ad Romanos (I, 4)). Sonderbarerweise übersieht Bernage aber die Abhängigkeit eines Chorgesangs von Horaz, obwohl grade da diese Abhängigkeit am auffälligsten ist und sich am schlagendsten nachweisen lässt: Der erste Chorgesang der Porcie ist nehmlich eine teilweis ganz wörtliche Uebersetzung der berühmten Epode: Beatus ille qui procul negotiis u. s. w. [2]). Andrerseits führt aber Bernage manchen Chorgesang Garnier's ohne jeden Grund auf Horaz zurück. Ich habe keine Veranlassung diese Angaben von Bernage hier zu berichtigen, so lange sie nicht mit meinen eigenen Angaben in Widerspruch kommen. Das ist aber einige Male der Fall. — S. 24 nennt Bernage den dritten Chorgesang der Porcie »une paraphrase d'un chœur de l'Hippolyte et de l'ode d'Horace à Sextius«. Die Aehnlichkeit des betreffenden Chores mit der Ode des Horaz (I, 4) ist minimal. Dagegen ist die zweite Hälfte dieses Chores (V. 997 ff.) eine Uebersetzung von Seneca No. 69 ff., was Bernage nicht erwähnt; cf. »quicquid patimur mortale genus, quicquid agimus: ce que nous souffrons mortelles créatures ce que nous faisons« u. s. w. — In der Cornélie geht der Chor des dritten Aktes nicht auf Seneca's Agamemno und die Ode des Horaz Ad Fortunam (nach Bernage S. 38), sondern auf Muretus V. 52 ff. und der Chor des vierten Aktes ist nicht eine Nachahmung irgend einer Stelle des Hercules Oetaevus [3]), sondern eine teilweis wörtliche Uebersetzung von Muretus V. 196 ff. — Eine Aehnlichkeit des ersten Chores im Antoine mit der Ode des Horaz an Virgil (I, 24?? IV, 2???) habe ich nicht entdecken können. Viel grösser ist die Aehnlichkeit dieses Chores mit dem ersten Chore der Cleopatra (cf. § 41). Auch geht der 1dritte Chor im A. nicht auf H. O. [4]), sondern auf Ag. V. 610 ff.; cf. No. 219 mit 218: »Heu! quam dulce malum ... vitae dirus amor: Las! que nous tourmente.. le desir de cette vie« u. s. w.

Anm. 7. Zu § 35. Interessant ist es, die Urteile von Bernage und Faguet über den vierten Akt der Cornélie zu hören, wenn man weiss, dass dieser Akt nur ein Auszug aus Grevin's César ist. Ueber die Szene zwischen den Verschworenen sagt Bernage S. 47: »Voilà une situation entièrement originale, très dramatique et toute à l'honneur de Garnier. Un entretien plus remarquable encore c'est celui qui a lieu entre César et Antoine ..... La mort imprévue lui semble la plus douce. Combien cette opinion, qu'il exprima lui-même, est tragique dans les circonstances présentes. Mais combien on doit regretter que ces beautés ne

1) Selbst Bernage, der sonst nie etwas an Garnier auszusetzen hat, spottet S. 69. 70 über die plumpe Art, wie G. in H. Liebe und Eifersucht auffasst und darstellt.

2) Die Schlusswendung ist natürlich von G. weggelassen. Diese Epode hat vielleicht auch Jodelle No. 419 beeinflusst.

3) Welche Stelle des H. O. Bernage meint, sagt er nicht. Er verschmäht überhaupt Detailangaben.

61

se relient pas à une catastrophe qu'elles préparent! ... Le poète a montré César sous toutes ses faces; c'est César bien plus que Cornélie qui est la création originale de son drame, et une telle étude est aussi neuve que féconde«. Weniger enthusiastisch und viel scharfsinniger äussert sich Faguet S. 186: »Voici, au quatrième acte, d'une part Brutus et Cassius qui conjurent la mort de César, et d'autre part César, qui, après avoir fait son éloge, répond aux pressentiments d'Antoine, en déclarant qu'il ne prendra aucune précaution contre les assasins. C'est encore là une exposition: on peut croire que la pièce sera la mort de César«.

Schluss.

Ich fasse die gewonnenen Resultate zusammen:

§ 47. Gemeinsam hat Garnier mit Jodelle Gedanken, welche von Seneca angeregt sind (§ 11-14), und Gedanken, welche unter dem Einflusse des christlich-modernen Geistes stehn (§. 18-23). Aus Seneca herüber nehmen beide Franzosen die Sentenzen über Fatum, Fortuna, aurea mediocritas (§ 14). Manches deutet darauf hin, dass diese Gedanken grade aus Seneca geschöpft sind, nicht aus dem griechischen oder humanistischen Drama (§ 46. Anm. 3). Christlicher Einfluss zeigt sich in den Sentenzen über die Götter (§ 18), über die Apathie und Hoffnung (§ 23) und in der Auffassung des Fatums als Prädestination (§ 19).

Obwohl ein teilweiser Einfluss Jodelle's auf Garnier nicht unwahrscheinlich ist (§ 40, 41), berechtigen diese gemeinsamen Sentenzen doch kaum zu einer solchen Annahme (§ 41, § 31). Denn die Auffassung des Fatums als Prädestination und andere christliche Gedanken finden wir auch sonst in den zeitgenössischen Tragödien [1]). Ebenso treffen wir dort bereits den Einfluss Seneca's [2]) und Gedanken über Fatum, Fortuna, aurea mediocritas.

Diese Gedanken scheinen überhaupt tief in der Zeit zu wurzeln (§ 42). Vielleicht ist es kein Zufall, dass Fatum und Fortuna die Sentenzen der französischen Tragödie in demselben Jahrhundert beschäftigen, in dem Calvin seine Dogmen von der Prädestination und Gnadenwahl ausbildet, dass zur selben Zeit, als Montaigne und Garnier die aurea mediocritas im Leben vorzogen,

1) cf. § 43; § 41 Anm. — 2) cf. § 32, 37, 38, 39.

die aurea mediocritas auch im Drama verherrlicht wird. So mögen diese Gedanken aus der Zeit hervorgehen und mit der Zeit allmählich verschwinden. Doch haben sie deutliche Spuren im klassischen Drama zurückgelassen [1]).

§. 48. Garnier schöpft ausser den Gedanken über Fatum, Fortuna, aurea mediocritas noch eine ganze Reihe anderer Sentenzen aus Seneca (§ 11, 24, 25). Ueberhaupt steht er in einem wesentlich anderen Verhältnis zu dem lateinischen Poeten, als Jodelle. Dieser schliesst sich nur ganz allgemein an manche Gedanken Seneca's an, die von ihm dann selbständig verarbeitet werden; der grössere Teil seiner Sentenzen ist durchaus originell. Garnier lässt sich oft bis ins Einzelne beeinflussen: er übersetzt geradezu Sentenzen Seneca's (§ 8). Alle Gebiete, die Seneca in seinen Sentenzen behandelt, behandelt auch Garnier (§ 14, 1). Und doch scheint Garnier originell in der Auswahl der benutzten Sentenzen. Er lässt unmoralische, pessimistische und allzu geistreiche Gedanken weg (§ 16. 17), überall mildert er, ästhetisch und moralisch. Auf solche Weise vermeidet er vieles Uebertriebene und Verschrobene, aber er verwischt auch alles Grosse und Imposante.

Diese Art Seneca zu benutzen ist indessen Garnier nicht eigentümlich. In ganz ähnlicher Weise haben schon Muretus und Lapéruse aus Seneca geschöpft. Auch bei diesen findet man weder unmoralische noch allzupessimistische Gedanken, auch diese lassen jene halb bizarren, halb geistreichen Sentenzen Seneca's weg, jene »petites pensées brillantes, souvent déterminées par des ressemblances d'orthographe, par le choc d'un dérivé et d'un composé, par des analogies de radicaux et de terminaisons, jeux de la mémoire bien plus que fruits de la réflexion«, wie Nisard II S. 134 sie treffend schildert.

Garnier schöpft aber nicht nur aus Seneca, sondern nebenbei auch aus Horaz (§ 46. Anm. 6), dem griechischen Drama [2]) und vor allem aus den Tragödien seiner Vorgänger. Am auffälligsten ist seine Abhängigkeit von Grevin und Muretus (§ 34-37), denen er viele Sentenzen über Vaterland, Freiheit und grand cœur verdankt und deren Caesar er einfach zum vierten Akte seiner Cornélie umarbeitete.

---

1) cf. § 45. Ferner Corneille Horace V. 425, V. 431 ff. Im Polyeucte sprechen die heidnischen Personen häufig vom destin; der Christengott wird ausdrücklich als »seul maître du destin« bezeichnte (Marty-Laveaux S. 526). Auch Racine spricht von den »arrests du sort« Andromaque V. 187.

2) cf. § 25. — Viel hat Garnier seinen griechischen Vorbildern nicht entlehnt (cf. § 46. Anm. 3, 3).

So gründet sich der Gegensatz, der zwischen Jodelle's und Garnier's Gedankenkreisen besteht, fast niemals auf irgendwelche Gedanken, die Garnier eigentümlich sind. Er gründet sich meist darauf, dass Garnier Gedanken aus Seneca und anderen Poeten herübernimmt, die sich bei Jodelle nicht finden. Und er gründet sich ferner auf die originellen Sentenzen Jodelle's, die nicht auf dessen Nachfolger übergehn, obgleich sich Jodelle's Einfluss bis zu Jacques de la Taille verfolgen lässt (§ 32, 34, 39, 41).

Die folgenden Zeilen werden die Verschiedenheit der beiden Gedankenkreise noch näher darlegen.

§ 49. Jodelle's Gedanken beschäftigen sich fast ausschliesslich mit dem Menschen. Er betrachtet die Götter in ihrem Verhältnis zum Menschen (27): er spricht im Gegensatz zu Seneca und Garnier nicht über das Fatum, sondern über den vom Fatum begünstigten oder verfolgten Menschen, nicht über die Launen Fortuna's, sondern den Wechsel von Lust und Leid (§ 14, 2). Besonders gern behandelt er das innere Leben des Menschen. Er betont, dass unsere Gedanken allein uns glücklich und unglücklich, dankbar und undankbar machen. Er spricht über den Bösen, nicht den Verbrecher, nicht über die That, sondern die Gesinnung. Er fasst die Liebe als Gefühl auf, nicht als Trieb, und weiss über sie, über Reue und Unglück manche treffende Bemerkung zu machen (§ 27-29).

Alle diese Gedanken verraten ein feinfühlendes Herz und scheinen immer Resultate der eignen innern Erfahrung zu sein. Sie haben etwas Lyrisches. In der That kehren eine ganze Anzahl von ihnen in Jodelle's lyrischen Dichtungen wieder [1]. Ihr Subjektivismus erinnert zuweilen an Montaigne. Aber in diesen Subjektivismus klingt ein seltsam unbefriedigter, verzweifelnder, pessimistischer Ton herein, der Montaigne ganz fern lag, und den wir in privaten Aeusserungen Jodelle's vielfach wiederfinden [2].

§ 50. Deuten Jodelle's Sentenzen auf einen feinsinnigen, doch haltlosen, schwankenden Geist, so verraten Garnier's Gedanken einen festen, klaren aber schlichten Sinn. Sie sind

---

1) cf. Fehse, Zs. f. n. fr. S. u. L. II, 2. Die Originalität dieser Gedanken erkennt auch Fehse an. Schon Ebert macht S. 100 auf die Ideen der lyrischen Dichtungen aufmerksam.

2) cf. Marty-Laveaux' Vorrede. — Das dort entworfene Bild Jodelle's stimmt überhaupt vortrefflich zu dem Charakter seiner Sentenzen. So scheinen mir Jodelle's zweckloses Wünschen und Träumen (M. L. S. 27), seine grossartigen Pläne, die er doch nie ausführt, eng mit seinem Subjektivismus zusammenzuhängen.

immer einfach, öfters nüchtern, zuweilen platt. Manche Gedanken Seneca's scheint Garnier nur weggelassen zu haben, weil sie ihm zu kompliziert, zu geistreich waren. Gemeinplätze trivialster Art werden wiederholt verwendet und mit einer feierlichen Miene verkündet, als ob es sich um tiefstverborgene Weisheit handle (§ 17). Ein milder, ruhiger Ernst charakterisiert die meisten dieser Gedanken. Die Unabänderlichkeit des Schicksals (§ 11, 3 ff.) treibt Garnier nicht zur Verzweiflung; er hofft (§ 22) und glaubt von den Göttern das Beste (§ 19). Trotzdem manche Sentenzen mit Seneca darin übereinstimmen, dass nur der Tod die Leiden dieser Welt beendet u. s. w. (§ 11, 13 ff.), verwerfen andere Gedanken im Gegensatz zu Seneca den Selbstmord (§ 21) ganz entschieden und erklären es ausdrücklich als die Aufgabe der »grande âme«, dem Unglück zu widerstehn (§ 26).

Mit Vorliebe wendet sich Garnier dem Leben und Treiben der Menschen zu. Wenn für Jodelle Gedanken charakteristisch sind, die sich mit dem denkenden, fühlenden Menschen beschäftigen, so betrachten die Sentenzen, welche Garnier von Jodelle unterscheiden, den handelnden Menschen, den Menschen als Glied der Gesellschaft, des Staates — den Bürger. Garnier spricht immer von neuem über König und Unterthan, Freiheit und Tyrannei, Krieg und Frieden, Verbrechen und Strafe, Milde und Gerechtigkeit. Dies Interesse für politische Fragen und die freimütige rückhaltlose Behandlung derselben hat Garnier durchaus mit Muret und Grevin gemein. Man spürt in diesen Sentenzen etwas von dem kühnen, freisinnigen Geiste, der während der Bürgerkriege in Frankreich herrschte, dem Geiste de la Boétie's und seiner Gesinnungsgenossen.

So wenig originell also Garnier's Sentenzen sein mögen, so sind sie doch Garnier's Charakter und Lebensstellung durchaus angemessen. Es sind die Gedanken eines ernsten Mannes, voll Vaterlandsliebe und unabhängigen Sinnes, eines Beamten, der mitten im Leben steht und an den Fragen der Zeit das regste Interesse nimmt. Und selbst die Trivialität und Philisterhaftigkeit mancher Gedanken ist ja keineswegs unvereinbar mit seinem Ernste und seiner Würde.

Den literarischen Ruhm Garnier's können diese Sentenzen freilich nicht erhöhen. Garnier's Verdienst liegt wohl auf einem anderen Gebiete. Seinen Stil z. B. rühmen schon die Brüder Parfait (S. 371) [1]. Wer die stilistische Form der Sentenzen

---

1) St. Beuve sagt freilich hierüber in seinem Tableau historique: »En écrivant plus noblement que Jodelle, de même que Desportes écrivait plus purement que Ronsard, Garnier n'a fait que suivre les progrès naturels de la langue et obéir à une sorte de perfectibilité chronologique«.

Jodelle's und Garnier's vergleicht, wird gegenüber der unklaren
Anmut Jodelle's in Garnier's geschmackvoller Klarheit einen
unzweifelhaften Fortschritt erkennen. An Tiefe und Originalität
des Gedankens aber wird Garnier von seinem Vorgänger entschieden überragt. Auch mit seinem Muster Seneca kann er
sich nicht messen. Ja, ich wage zu behaupten, seine Gedanken
erheben sich nicht im Geringsten über die Gedanken der übrigen
zeitgenössischen Dichter, sie sind nicht besser und nicht schlechter
als die Gedanken des verachtetsten und geschmähtesten aller
französischen Tragödiendichter, als die Gedanken Jacques de
la Taille's.
Das zahllose Heer der Nachahmer Garnier's ist vielfach von
seinen Gedanken beeinflusst. Manche Sentenzen finden sich wörtlich bei ihnen wieder [1]. Wohl führen diese Gedanken zunächst
auf Garnier zurück, aber Garnier ist nicht die ursprüngliche Quelle,
aus der sie hervorgehen, er ist nur der Sammelpunkt, in dem
sich die Gedanken der früheren Tragödie vereinigen und von
dem aus sie weiter wandern bis zu Montchrestien und Hardy,
ja zuweilen weit in das klassische Drama hinein, bis zu Corneille
und Racine.

Materialsammlung.

A. Sentenzen über das Verhältnis des Menschen zum Schicksal.

1) Die Götter und das Schicksal.
(Götter, Fatum, Fortuna).

1) Dieu conduit toute chose et du ciel il commande; Nous n'avons
rien mortel qui de luy ne depende. G. J. 1315, 16.

2) Les dieux des humains se soucient, Et, leurs yeux sur nos arrestez,
Font que nos fortunes varient, Sans varier leurs volontez. J. D. 293-96.(154) [2]

3) Les Dieux tousjours à soy rassemblent; Quant à soy les Dieux
sont parfaits: Mais leurs effects sont imparfaits, Et jamais en tout ne
se semblent. J. D. 303-6. (155).

---

1) cf. Einleitung S. 4 und Nachtrag Anm. 2.

2) Die in Klammern beigefügten Zahlen bezeichnen die Seite, auf
welcher die betreffende Sentenz Jodelle's bei Viollet le Duc steht.

4) La loy des grands dieux les loix humaines lie. J. D. 845. (171).

5) Le Ciel aussi requiert obeïssance ou sang. J. D 1012. (178).

6a) Il vaut mieux que les Dieux leurs ordonnances gardent Que pour se desmentir aux dangers ils regardent. J. D. 83 ff. (148).

6b) Et l'on ne doit son fiel contre les Dieux espoindre, Quand on reçoit des Dieux de deux malheurs le moindre. ib.

7) Le Ciel ne veut permettre toute chose Que bien souvent le courageux propose. J. C. 1493, 94. (140).

8) Les ennuis dereiglez, lex maux insupportables, Qu'on voit sur un esprit se rendre insatiables, La raison, qui nous peut dessous ses loix forcer, Et la pitié, qui peut nos raisons effacer; Les mots entrerompus par les larmes meslees, Ne peuvent rien, sinon qu'en vain nous esmouvoir, Lorsqu'en un fait les dieux nous ostent le pouvoir. J. D. 1477-84. (189).

9) Le grand Dieu, qui le Ciel et la Terre a formé, Des hommes a les loix aux siennes conformé, Qu'il nous enjoint garder comme loix salutaires, Et celles rejeter qui leur seront contraires. G. Ae. 1810 ff.

10) Nulles loix de Tyrans ne doivent avoir lieu Que lon voit repugner aux preceptes de Dieu. ib.

11) Un dieu mesme perdroit l'ambrosie immortelle Privé de deïté s'il estoit infidelle. J. D. 527, 28. (162).

12) Les cieux sont ennemis de la mechanceté. J. D. 480. (160).

13a) *Tout dieu laisse l'homme inhumain. J. D. 526. (162).

13b) *Les justes dieux vangent les injustices. J. D. 492. (161).

14b) coelestis ira quos premit. miseros facit. S. H. O. 444.

14c) semel profecto premere felices deus cum coepit, urget. S. H. O. 717, 18.

14a) quem deus damnavit, abjecit pater, mors quoque refugit. S. Oed. 258. 259.

15) Quiconques rompt la foy encourt des grands dieux l'ire. J. D. 993. (176).

16) Quand des Dieux l'ire à nostre aise s'oppose, Nous nous sentons trainer de pire en pire chose. J. D. 61, 62. (147).

17) La plus grand fureur, c'est la fureur suprême. J. D. 1626. (195).

18) Les Dieux aiment justice, et poursuivent à mort L'homme mechant, qui fait à un autre homme tort. Ils tiennent le parti du foible qu'on oppresse, Et font cheoir l'oppresseur en leur main vengeresse. G. H. 73-76.

19) Les bons Dieux, le support De tous ceux à qui lon fait tort, Sont tousjours adversaires Des hommes sanguinaires. Jamais ils n'allongent leurs jours, Ains les accourcissent tousjours Et font tomber leur vie En la main ennemie. G. C. 1491-96.

20) Rien ne desplait tant, rien n'est tant odieux Entre les faicts humains qu'une arrogance aux Dieux. Tousjours un orgueilleux qui veut trop entreprendre, Au lieu de s'avancer recevra de l'esclandre. G. A. 1410-13.

21) vicit et superos amor. S. H. O. 476.

22a) Les Dieux ne sont faschez que lon s'aime icy bas. G. H. 509 ff.

22b) -- Les Dieux ne sont joyeux de nos salles esbats. ib.

23a) — Ils sont touchez d'amour aussi bien que nous sommes. ib.

23b) — Ils ne sont point touchez des passions des hommes. ib.

24) *Les dieux, qui semblent-estre oisifs, A venger les forfaits sont bien souvent tardifs. J. D. 1891, 92. (203).

25) Le naturel des Dieux est de punir le vice. G. J. 1027.

26) L'ire des bons Dieux excitee Est paresseuse à nous punir; Souvent la peine meritee Se garde aux races à venir; Mais d'autant qu'ils l'ont retenue, Prompts à pardonner nos pechez, D'autant plus se monstrent faschez, Quand nostre offense continue. G. C. 159-166.

27) Jamais en ce monde un faict pernicieux D'un meschant ne demeure impuni par les dieux, Et s'ils se monstrent lents à venger son offense, Comme ils font quelquefois, ce n'est par connivence. Car tost ou tard son chef sent leurs bras punisseur: Ou s'il ne le sent point, sera son successeur. G. Tr. 2449-54.

28) Souvent ce Dieu vengeur de tous humains forfaits Permet que mille torts par les meschans soyent faits, Afin que par celuy se punissent nos vices, Qui plus dessus sa teste amasse de supplices. J. D. 1887-90. 203).

29) *Le ciel, se faschant, Fait pour punir les hommes Son bourreau d'un meschant. J. D. 2198-2200. (213).

30) Pour un temps les mesfaicts Demeurent impunis à ceux qui les ont faicts. Et mesme diroit-on, voyant que la Fortune A leurs mauvais desseins se demonstre opportune, Que les Dieux sont pour eux, mais ils ne font expres, A fin de les punir plus aigrement apres. G. P. 602-607.

31) Souvent les grands Dieux gardent expressément Les hommes scelerez pour nostre chastiment;

32) Puis s'en estans servis, rendent avec usure Le guerdon de leur crime et de leur forfaiture. G. C. 893-896.

33) Dieu prefere tousjours la clemence à justice Et ne reboutte point de sa grace celuy, Quelque pecheur qu'il soit, qui se retourne à luy. G. J. 1028-1030.

34) Tousjours propice aux bons est des Dieux la justice. G. P. 600 ff.

35) On leur voit bien souvent favoriser le vice. ib.

36) Nostre encombre à des Dieux appaise la colère. G. C. 659.

37) Rien ne plaist tant aux Dieux que la severité. G. A. 1519 ff.

38) -- Les Dieux pardonnent tout. ib.

39) — Les crimes ils punissent. ib.

40) — Et nous donnent leurs biens. ib.

41) — Souvent ils les tollissent. ib.

42) — Ils ne se vengent pas .. à tous les coups Qu'ils sont par nos pechez provoquez à courroux. ib.

43) Des malheureux humains les natures fantieres Ont les Dieux courroucez en cent mille manieres:

44) Et toutefois, bons Dieux, le ciel ne laisse pas De disposer la terre à nostre humain repas. G. II. 615-618.

45) Jamais nos cruautez ne font les Dieux cruels, Si nous sommes meschans, pourtant ils ne sont tels: Si nous sommes ingrats à leur bonté supême, Si nous les oublions, ils ne font pas de mesme:

46) Ainçois le plus souvent que nous meritons bien D'estre punis, c'est lors qu'il nous font plus de bien. G. H. 629-634.

47) Les dieux sont tousjours bons et non pernicieux. — N'ont-ils pas tout pouvoir sur les choses humaines? — Ils ne s'abaissent pas aux affaires mondaines; Ains laissent aux mortels disposer librement De ce qui est mortel dessous le firmament, Que si nous commettons en cela quelques fautes, Il ne faut point nous prendre à leurs majestez hautes, Mais à nous seulement, qui par nos passions Journellement tombons en mille afflictions. G. A. 470 ff.

48) Puis quand nous en sentons nos ames espinees, Nous flattant disons lors, que ce sont destinees, Que les Dieux l'ont voulu et que nostre souci Ne pouvoit empescher, qu'il n'en advint ainsi. ib.

49) Les dieux prestent l'oreille au chetif qui se plaint. G. C. 586 ff.
50) — Nos suppliantes voix leurs courages n'emeuvent. ib.
51) — De nulles passions emouvoir ne se peuvent. ib.
52) — Ne font justice à ceux qui la vont demandant? ib.
53) — Or qu'on ne la demande, il nous la vont rendant. ib.
54) Aux Dieux lon trouve tousjours Du secours; Ils president aux batailles, Ils repoussent les efforts Des plus forts. G. Ae. 1676-79.
55) *Souvent La celeste faveur bien cherement se vend. J. D. 677. 678. (166)
56) nullum pietas nunc numen habet nec sunt superi. regnat mundo tristis Erinys. S. O. 933-35.
57) Un seul hasard domine Dessus tout l'univers Ou la faveur divine Est deuë plus pervers ¹). J. D. 2125-28 (210).
58) Sur l'attente des Dieux ne se faut hasarder. G. C 1444.
59) S'il y a des Dieux, Les affaires humaines ne vont devant leurs yeux. Ils n'ont soucy de nous, des hommes il n'ont cure, Et tout ce qui se fait, se fait à l'aventure. G. C. 1081 ff.
60) Fortune embrasse tout; la Justice et le Bien N'ont de ces Dieux qu'on croit ny faveur ny soutien. ib.
61) Dieu mesme ne sçauroit, bien que tout il modere, Faire qu'un œuvre faict soit encores à faire. G. Ae. 2644, 45.
62) Les Dieux et la Fortune ont soin de nous garder. G. C. 1443.

63) Fatis agimur — cedite fatis! S. Oe. 1001 ff.
64) non sollicitae possunt curae mutare rati stamina fusi. ib.
65) quicquid patimur mortale genus, quicquid facimus, venit ex alto servatque suae secreta colus Lachesis dura revoluta manu. ib.
66) omnia recto tramite vadunt primusque dies dedit extremum. non illa deo vertisse licet quae nexa suis currunt causis. ib.
67) it cuique ratus prece non ulla mobilis ordo. ib.
68) multis ipsum metuisse nocet. multi ad fatum venere suum, dum fata timent. ib
69a) Ce que nous souffrons, mortelles creatures, .. ce que nous faisons Vient de la dure Parque et joint à ses filures, Tourne avec ses pesons. — b) Son ordre est immuable et qui point ne s'arreste Pour le grandeur d'un Roy, Aussi ne flechit point sous la triste requeste D'un pauvre en son esmoy. G. P. 997 ff.
70) Le soucy recuisant nos ames embrasees Inutil' ne sçauroit Changer l'ordre filé des mortelles fusees Que tourne son roüet. Ains bien souvent advient qu'en craignant la nuisance D'un destin malheureux, Le malheur redouté soudainement s'eslance Sur nostre chef peureux. ib.
71a) Les choses d'ici bas sont au ciel ordonnees, Auparavant que d'estre entre les hommes nees. G. A. 453 ff.
71b) Et ne peut detourner nostre imbecilité L'inviolable cours de la fatalité. La force, la raison, la provoyance humaine La pieté devote et la race y est vaine. ib.
72) Les destins ore nous monstrent bien Que sujet à leur force est le rond terrien. G. P. 513 ff.

---

1) Anm. Die auf diese Sentenz folgenden Strophen (die keine eigentlichen Sentenzen enthalten), haben eine auffallende Aehnlichkeit mit einzelnen Stellen aus No. 87. 88.

73) Tout se fait par destins, sur le destin se fonde L'entier gouvernement de la machine ronde. ib.

74) res humanas ordine nullo fortuna regit sparsitque manu munera caeca, pejora fovens. S. Ph. 986 ff.

75) vincit sanctos dira libido, fraus sublimi regnat in aula. tradere turpi fasces populus gaudet, eosdem colit atque odit. tristis virtus perversa tulit praemia recti: castos sequitur mala paupertas vitioque potens regnat adulter. ib.

76) Fortune aux piés cellez nous gouverne maistresse Selon sa volonté: D'elle seule depend toute nostre richesse Et nostre pauvreté. G P. 965 ff.

77) Ses aveugles presens, jettez à l'avanture. Honore plus souvent Un homme vicieux qui de vertu n'a cure Qu'un homme bien-vivant. ib.

78) Et ceux que le desir mechamment ensorcelle D'un illicite honneur En leurs faicts violens ont presque tousjours d'elle Une heureuse faveur. ib.

79) Si quelqu'un est Tyran, s'il opprime la terre, S'il afflige les bons et qu'il leur meine guerre. Il s'en ira vainqueur. Et à son appetit il les meurtrira, comme Un boucher à ses piez Meurtrit impitoyable, impitoyable assomme Deux grands toreaux liez. ib.

80) Par la seule pitié les durs destins s'esmeuvent. J. D. 998. (177).

81) Ce ne sont pas destins si flechir ils se peuvent. ib.

82) L'inexorable sort Ne se peut esbranler d'aucun humain effort. G. H. 137, 38.

83) Rien ne se change, on a beau faire vœux, On a beau immoler des centeines de bœufs. C'est en vain: c'est en vain, tout cela n'a puissance De faire revoquer la celeste ordonnance. G. H. 259-262.

84) Il n'est puissance mondaine Si grande que le Destin, Comme une moindre, n'ameine Avec le temps à sa fin. G. A. 820-24.

85a) En vain celuy-là se tourmente et soucie Qui soit heur, soit malheur, dessus lex dieux appuye Le hasart de ses faits. J. D. 145-147. (150).

85b) Ceux que Fortune exerce aux travaux de ce monde N'ont pas beaucoup d'effroy, si leur faut dessus l'onde Sans relâche ramer, Veu que, mesme au millieu du repos et des villes, Les humains vont souffrant au lieu d'estre tranquilles, Une éternelle mer. J. D. 1673-79. (196).

86) cf. Anm.

87a) On doit seurement dire L'homme qu'on doit priser, Quand le ciel vient l'eslire, Pour le favoriser. Ne devoir jamais craindre L'Ocean furieux, Lors que mieux semble atteindre Le marche-pied des Dieux. Plongé dans la marine, Il doit vaincre en la fin, Et s'attend à l'espine De l'attendant daulphin. La guerre unpitoyable, Moissonant les humains, Craint l'heur espouvantable De ses celestes mains. Tous les arts de Medée, Le venin, la poison, Les bestes dont gardée Fut la riche toison; Ni par le bois estrange Le lyon outrageux, Qui sous sa patte range Tous les plus courageux; Ny la loy qu'on revere Non tant comme on la craint, Ny le bourreau severe, Qui l'homme blesme estraint; Ny les feux qui saccagent Le haut pin molestans, Sa fortune n'outragent, Rendans les dieux constans; Mais ainsi qu'autre chose Contraint sous

Anm. Die § 19 angeführte Sentenz (86) ist dort falschlich citiert. Man vergleiche vielmehr mit Garnier 93 Jodelle 140-142; nach § 10 ist Garnier's Sentenz wahrscheinlich von dieser Stelle aus Jodelle's Didon beeinflusst.

son effort, Tient sous sa force enclose La force de la mort. Et, maugré ceste bande Tousjours en bas filant, Tant que le Ciel commande En bas n'est devallant; Et, quand il y devalle, Sans aucun mal souffrir, D'un sommeil qu'il avalle A mieux il va s'offrir. J. C. 299-312. (98 ff.).

87b) Si la saincte ordonnance Des immuables dieux, Forcluse d'inconstance, Seule incogneuë à eux, En ce bas hemisphère Veut son homme garder, Lors le sort inprospère Ne le peut retarder Que, maugré sa menace, Ne vienne tenir rang, Maugré le fer qui brasse La poudre avec le sang. J. C. 287-298. (98).

88) Mais, si la destinée, Arbitre d'un chacun, A sa chance tournée Contre l'heur de quelqu'un, Le sceptre sous qui ploye Tout un peuple submis, Est forcé qu'il foudroye Ses mutins ennemis. La volage richesse, Appuy de l'heur mondain L'honneur de la hautesse Refuyent tout soudain; Bref, Fortune obstinée, Ny le Temps tout fauchant, Sa rude destinée Ne vont point empeschant. Des hauts Dieux la puissance Tesmoigne assez icy Que nostre heureuse chance Se precipite ainsi.. Telle est la destinée Des immuables Cieux Telle nous est donnée La defaveur des Dieux. J. C. 312-362; 379-382. (100).

89) Nul donques ne peut-il ici bas heureux estre? Celuy que pour heureux les grands dieux ont fait naistre. J. D. 1597, 98. (194).

90) *L'amour et la haine Des Dieux vont bigarrant la fresle vic humaine; Tant qu'à peine une joye aux mortels se rapporte, Qui n'ait pour sa compagne une douleur plus forte. J. D. 77-80. (147).

91) O combien roulent d'accidens Des Cieux sur les choses humaines! De combien d'effects discordans Ils ont leurs influences pleines! Apres les grandeurs incertaines Lon se tourmente vainement: Car comme elles viennent soudaines, Elles s'en vont soudainement. G. P. 151-58.

92) *Ils (sc. les Dieux) ont à toute chose une fin ordonnee Toute grandeur du monde est par eux terminee L'une tost, l'autre tard, selon comme il leur plaist Et personne ne peut enfreindre leur arrest. G. A. 511 ff.

93) Mais qui plus est encor à nous langoureux hommes, Qui sujets par surtout à leur volontez sommes, N'est cogneu ce destin et vivans ne sçavons Combien ne comment vivre au monde nous devons. ib.

94) Si ne faut-il pourtant d'un desespoir se paistre Et se rendre chetif auparavant que l'estre; Il faut bien esperer jusques au dernier poinct Et faire que de nous le mal ne vienne point. ib.

96) regitur latis mortale genus. S. O. 947 ff.

97) nec sibi quisquam spondere potest firmum et stabile. ib.

98) pro quam casus volvit varios, semper nobis metuenda dies. ib.

99) volat ambiguis mobilis alis hora; nec ulli praestat velox fortuna fidem. S. Ph. 1150-52.

100) properat cursu vita citato volucrique die rota praecipitis vertitur anni. S. H. F. 180 ff.

101) durae peragunt pensa sorores nec suo retro fila revolvunt. ib.

102) at gens hominum fertur rapidis obvia fatis incerta sui. ib.

103) omne sub regno graviore regnum est. S. Th. 612 ff.

104) quem dies vidit veniens superbum, hunc dies vidit fugiens jacentem. ib.

105) nemo confidat nimium secundis; nemo desperet meliora lassis. ib.

106) miscet haec illis, prohibetque Clotho stare fortunam, rotat omne fatum. ib.

107) nemo tam divos habuit faventes, crastinum ut posset sibi polliceri: res deus nostras celeri citatas turbine versat. S. Th. 612-622.

108) (fortuna nostra cuncta permittit mihi. -- crede obsequenti parcius), levis est dea. S. O. 463, 64.

109) nulla sors longa est: dolor ac voluptas invicem cedunt, brevior voluptas, ima permutat levis hora summis. S. Th. 596-599.

110) Si l'inconstante fortune Au matin est opportune, Elle est im portune au soir. J. A. 1111-13. (126).

111) Le Temps ne se peut rassoir; A la Fortune il accorde, Portant à celuy la corde Qu'il avoit paravant mis Au rang des meilleurs amis. J. Cl. 1114-18. (126).

112) Pareille aux dez est nostre chance humaine. J. C 1168. (128).

113) *On sçait combien Fortune a les piés incertains. G. P. 1210.

114) La fortune est volage. G. C. 661.

115) Fortune, qui ceste rondeur Assujettist à sa grandeur, Inconstante Deesse, Nous embrasse et nous comble d'heur, Puis tout soudain nous laisse. G. C. 985-89 ¹).

116) La fortune se change. G. A. 1046.

117) La fortune n'est pas tousjours de mesme sorte. G. Tr. 1582.

118) Nul ne vit asseuré des presens de Fortune. Elle est aux hommes mere et maràtre commune. Ses instables faveurs volant sur nostre chef Bien souvent en leur place y laissent du meschef. Et comme peu de temps avecques nous sejournent, Aussi, le mal chassé, souvent elles retournent. G. J. 619-624.

119) Tout nostre bien est un bien hazardeux. G. J. 1326.

119b) Les hommes mesprisez au dessous de la fange Qui croupit dans un val, Reçoivent incertain, comme le sort se change, Tantost bien, tantost mal. G. P. 961-64.

120) Fortune, que lon craint qu'on deteste et adore, N'est qu'un evenement dont la cause on ignore. Encore bien souvent la cause on s'apperçoit, Mais l'effet se decouvre autre qu'on ne pensoit. G. A. 1144-47.

121) La rose journalière, Quand du divin flambeau Nous darde la lumière Le ravisseur taureau, Fait naistre en sa naissance Son premier dernier jour. Du bien la jouyssance Est ainsi sans séjour. J. C. 267-75. (97).

122) Rien n'est durable icy bas, Rien si ferme ne demeure Qu'il ne change d'heure en heure. G. P. 659-661.

123) Rien n'est durable, ne sejourne; Toute chose naist pour perir; Et tout ce qui perist retourne, Pour une autre fois refleurir. G. C. 566-570.

124) Il ne se treuve rien de durable en ce monde, Tousjours sera trompé qui son espoir y fonde. G. H. 576, 77.

125) Toutes choses humaines Sujettes à périr sont tousjours incertaines Et nul ne se peut voir tant de felicitez Qu'il ne puisse tomber en plus d'adversitez. G. T. 2391-91.

126) Rien d'arresté ne se voit en ce monde. On y brouille tousjours. Le ciel, la terre, et la mer vagabonde Se changent tous les jours. G. J. 1781-84.

---

1) Die folgenden Zeilen enthalten eine Allegorie. Solche Allegorien habe ich nur dann aufgenommen, wenn das malerische Element der Allegorie nicht Hauptsache, sondern Nebensache war. Der betreffende Chor Garnier's ist übrigens eine Uebertragung von Muretus V. 52 ff. (cf. § 46. Anm. 6).

127) Tant n'estoit variable Un Prothée en son temps, Et tant n'est point nuable La course de nos vents; Tant de fois ne se change Thetis, et tant de fois L'inconstant ne se range Sous ses diverses lois, Que nostre heur, en peu d'heure En malheur retourné. Sans que rien demeure, Proye au vent est donné. J. C. 255-266. (97).

128) Joye, qui dueil enfante, Se meurdrist; puis la mort Par la joye plaisante. Fait au dueil mesme tort. J. C. 279 ff. (98).

129) Le bien qui est durable C'est un monstre du ciel, Quand son vueil favorable Change le fiel en miel. ib.

130) Ainsi que la force Du celeste flambeau, Tirer à soy s'efforce Le plus leger de l'eau [1]); Ainsi que l'aymant tire Son acier, et les sons De la marine lyre Attiroyent les poissons, Tout ainsi nos delices, La mignardise et l'heur, Allechemens des vices, Tirent nostre malheur. J. C. 231-242. (96).

131) Le tour du ciel qui nous rameine Après un repos une peine, Un repos après un tourment, Va tousjours d'une mesme sorte; Mais tout cela qu'il nous rapporte Ne vient jamais qu'inconstamment. J. D. 297-302. (154).

132) Autour du miel pique l'abeille, Et l'aspic dans les fleurs sommeille. J. D. 1063, 64. (179).

133) Le malheur par l'heur est acquité Et l'heur se paye en infelicité. J. C. 405, 6. (102).

134a) Les accidens humains sur nostre teste tournent Et jamais attachez en un lieu ne sejournent, Non plus que ce grand ciel que nous voyons tousjours D'un train infatigable entretenir ses tours: Or ainsi que le ciel, des fortunes la source, Court autour de la terre une eternelle course: b) Il ne faut estimer qu'un desastre cruel, Que le ciel va lâchant, dure perpetuel. Apres l'Hyver glacé le beau Printemps fleuronne, L'Esté vient apres, apres l'Esté l'Autonne, Et jamais constamment l'influence des cieux Soit bonheur, soit malheur, ne verse en mesmes lieux. G. C. 343-354.

135) Plus les bourelles Furies Voyent que nous sommes en heur, Et plus après nostre mal'heur Monstre sur nous leurs seigneuries. J. D. 373-76. (157).

136) fortuna fortes metuit, ignavos premit. S. M. 159.

137) quis influentis dona fortunae abnuit? — expertus est quicumque, quam facile effluant. S. Th. 537.

138) Nostre heur auroit une constance Si, voulans tousjours hault monter, Nous ne taschíous mesme d'oster Aux grands Dieux nostre obeissance. J. D. 317 ff. (155).

139) Mais eux, qui toutes choses voyent, Exempts d'ignorer jamais rien, Ont veu comme il faut qu'ils envoyent Aux mortels le mal et le bien. ib.

140) Et d'un tel ordre ils entrelacent L'heur au malheur et se compassent Si bien en leur juste equité, Que l'homme au lieu d'une asseurance, Ne peut avoir que l'esperance De plus grande felicité; ib.

141) Pendant que chetif il espère, (Chacun en sa condition), La Mort oste l'occasion D'esperer rien de plus prospère. ib.

142) Ainsi les hauts dieux se reservent Ce poinct, d'estre tous seuls contens, Pendant que les bas mortels servent Aux inconstances de leur temps. ib.

----

1) Ist die S. 40 gegebne Erklärung richtig? Oder ist hier der Einfluss des Mondes auf Ebbe und Flut gemeint?

143) Des evenemens l'inconstance Engendir en eux un ignorance.
Tant qu'aveuglez par le desir. Ainq-l trop la ...., l'eur
l'heur le malheur ils choisissent. L'emore la plaisir pour plaisir il
144 Tout n'est qu'un songe, une rose. Un fantosme, une larme,
un rien. Qui nent nostre vie amusee En ce qu'en ne peut dire son.
J. D 363-366. (156)
145 Pourquoi n'a point repes Du Temps l vol estrange? A n
il ne pardonne. Il se fait et defait. Luy-mesmes il s'estonne. Il se battie
en son fait. Puis il blasme sa peine Et contre elle fortène. J. C.
745 ff. (113).
146) Vertu seule à l'encontre Fait l'acier reboucher Outre telle
rencontre. Le temps peut tout faucher: ib.
147) L'orgueil, qui nous amor.e. Donne à sa taux sa fore. ib.
148) Nostre courte felicite Coule et recule vaga'on'e. Comme un
Gallion agité Des vagues contraires de l'onde. G. P 159 ff.
149) Celuy qui volage se fonde sur un si douteux tondem.nt.
semble qu'en l'arène inféconde Il entreprenne un bastim nt. ib.
150) Il ne faut que Fortune eleve nostre coeur. Pour vous voir main-
tenant esprouver sa rigueur. Que tous homm.es mortels doivent sans cesse
craindre. Soit Roy. soit laboureur. le grand plus que le moindre.
G. J. 613-616.
151) Tousjours Fortune aux hommes n'est contraire; Elle change
souvent son visage adversaire En un front de faveur, et communement
ceus Qu'elle caresse plus. sont à la fin deceus .. G. P. 1219-1222.
152 fortuna belli semper ancipiti in loco est. quoicumque Mais
decernit: exaequat duos licet inpares sint gladius et spes et metus fors
caeca versat. S. Phön. 267-270.
153) Les affaires guerriers Et sur tout les combats succedent journaliers Tantost bien. tantost mal Et bien que la Fortune Es choses
de ce monde ait sa force commune. Qu'elle modere tout. face tout. que
tout soit Attaché. maniable. autour de son rouet. si nous semble pourtant que plus elle s'adonne Qu'à nu. autre exercise au mestier de
Bellonne. Et que là sa faveur. mualle comme vent. Avec plus de pouvoir se monstre plus souvent. G. A. 1115 ff.
154 D'où vient qu'on voit tousjours ceux qui en leur jeunesse Y
ont eu de l'honneur. le perdre en vieillesse. Combatus de quelcun qui n'est
point belliqueux Et qui sera depuis vaincu d'un moindre qu'eux ib.
155) Car sa coustume n'est d'estre tousjours propice. Mais de nous
renverser comme d'un precipice. Quand nous sommes montez par sa
benigneté Jusqu'au plus haut sommet d'une felicité. ib.

2) Der Tod.

156) L'homme n'est point heureux tant qu'un cercueil l'enserre.
J. C. 1334. (134).
157) Quel bonheur donque reste au monde pour les hommes? -- De
n'estre pas longtemps ce que chetifs nous sommes. J. D. 1538. 94. 1931).
158) Personne devant qu'estre mort Heureux on ne peut dire A
celuy seul qu'esteint la mort Fortune ne peut nuire. G. C. 1061-64.
159) quod natum est. poterit mori. H. O. 1103.
160) certo veniunt ordine Parcae. nulli jusso cessare licet. nulli
scriptum proferre diem. recipit populos urna citatos. S. H. F. 190-193.

161) (omnis haec magnis vaga turba terris ibit ad manes facietque inerti vela Cocyto) ..... prima quae vitam dedit hora, carpit. S. H. F. 872-878.

162) Toute chose prend fin et rien n'en est exempt Possible que la mort nous mire en devisant, Brandist sur nous sa darde et ja desja nous ouvre Le chemin effroyant du Plutonique gouffre. G. C. 497-500,

163) Rien ne vit immortel sur la terre globeuse, Tout est né pour despouille à la mort rapineuse, Les Paisans et les Rois semblables à la fin S'en vont tous pesle-mesle engloutis du Destin. G. C. 473, 74.

164) Nous jours sont limitez qu'on ne sçauroit estendre.

165) — On les accourcit bien par faute d'y entendre. G. C. 1441, 42.

166) Quand il est arresté, que lon meure, On n'y peut reculer d'une minute d'heure. G. II. 139, 140.

167) Nous devons tous mourir; chacun doit un hommage Au Dieu qui les Enfers eut jadis en partage. G. A. 1244, 45.

168) La mort sans se monstrer viend à nous à grand pas Nous trancher journaliers la vie et les esbats. G. II. 1187, 88.

169) Un chacun doit mourir, et la Parque felonne De ce commun devoir ne dispense personne. G. Ae. 1428, 29.

170) haud quisquam ad vitam facile revocari potest. S. Ph. 269.

171a) non umquam amplius convexa tetigit supera qui mersus semel adiit silentem nocte perpetua domum. S. Ph. 224-26.

171b) quaerit peremptum nemo quem incolumem timet. S. Oe. 247.

172) La basse porte sombre Est à l'aller ouverte et au retour fermée. J. C. 190, 191. (95).

173) Sans crainte de la mort on suyvroit tout espoir, S'on pouvoit plusieurs fois la lumière revoir. J. D. 513, 14. (161).

174) Charon le nautonnier jamais ne repassa Aucun esprit humain pour retourner deça. G. C. 461, 462.

175) Personne que la Mort inevitable domte En ce monde laissé des Enfers ne remonte. G. C. 739, 740.

176a) Il est aisé d'entrer dans la palle sejour, La porte y est ouverte et ne clost nuit ne jour: Mais qui veut ressortir de la salle profonde, En vain il se travaille, il se tourmente en vain Pour revoir derechef la clairté de ce monde, Et tousjours se verra trompé de son dessain b) Nul qui soit devalé sur le bord Stygieux N'est jamais remonté pour revoir les hauts cieux. G. II. 577-82; 573, 74.

177) Quand la mort nous a prins nous ne renaissons pas, Nous perdons sans retour ceux qui vont au trespas. G. Ae. 1426, 27.

178) Un mort ne revient pas pour nos dolentes pleurs. G. Ae. 1383.

179) fortes vetant macrere degeneres jubent. S. H. 1841.

180) optanda mors et sine metu mortis mori. S. Tr. 879.

181) mors optima est perire lacrimendum suis. S. Ph. 889.

182) La mort est moins à craindre et donne moins d'esmoy, Quand on laisse mourant quelque reget de soy. G. H. 1703, 1704.

183) La mort qu'on ne prevoit, et qui sur nous se darde D'un effort improveu, sans qu'on s'en prenne garde, Me semble la plus douce. G. C. 1453-55.

184) felix jacet, quicumque, quos odit, premit. S. H. O. 353.

185) mors misera non est commori cum quo velis. S. Ag. 203.

186) mortem misericors saepe pro vita dabit. S. Tr. 338.

187) La mort plus que la vie agree aux affligez. G. Tr. 1475.

188) Souvent nos maux font nos morts desirables. J. C. 1547. (142).

189) La mort aux affligez vient tousjours trop tardive. G. J. 684.

190) Quiconque ha grands ennuis desire le cercueil. G Ae. 1831.

101) Une eternelle nuict doit de ceux estre aymée Qui souffrent en ce jour une peine eternelle. J. C. 1923. (95).

192) La mort est douce à ceux Qui souffrent comme moy, quelque mal angoisseux. G. P. 501, 2.

193) Rien que la mort ne ferme au dueil la porte. J. C. 179. (94).

194) La mort fait terminer tout angoisseux martyre. G. II. 1690.

195) Il n'est rien plus horrible aux hommes que la mort. G. II. 1691.

196) — Elle est aux affligez un desirable port. G. II. 1692.

197) La mortelle Parque Nous offre un secours salutaire Contre tous les humains malheurs, Et nous ouvre sans fin la porte Par où faut que nostre ame sorte De ses incurables douleurs. G. A. 1254-59.

198) La mort en sa foy certaine Ne repaist d'apparence vaine L'affligé qui l'appelle à soy ; Ains arrache si bien son ame De la destresse qui l'entame, Qu'il ne luy reste un seul esmoy. G. A. 1272-77.

199) La mort tant soit amere, N'est aux calamiteux qu'une peine legere: Elle ferme la porte à tous maux douloureux Et purge de malheur les hommes malheureux. G. J. 235-238.

200) La mort est un grand bien, la mort seule contente L'esprit qui en mourant voit perdre toute attente De pouvoir vivre heureux. J. D. 459-461. (160).

201) Une impatience est plus grande Que tout mal que l'on puisse avoir, Mais la mort a souvent fait voir, Qu'impatience au mal commande. J. D. 429-432. (158).

202) Plus grande est la peine Que l'outrageux sort Aux amis ameine Que de l'amy mort N'est la joye grande, Alors qu'en la bande Des esprits heureux Esprits asseurez Contre toute dextre, Quitte se voit estre Des maux endurez. J. C. 1339-1350. (135).

203) ubique mors est; optume hoc cavit deus. eripere vitam nemo non homini potest at nemo mortem:

203a) mille ad hanc aditus patent. S. Oed. 151-153.

204) La mort s'offre sans cesse: et combien que la vie De tout chacun puisse estre à tout moment ravie, La mort ne l'est jamais, la mort on n'oste point. G. Ae. 149-151.

204a) Mille et mille chemins aux creux Acheron tendent Et tous hommes mortels quand leur plaist y descendent. G. Ae. 153, 154.

205) prohibere nulla ratio periturum potest ubi qui mori constituit et debet mori. S. Ph. 270, 71.

206) Celuy qui de mourir a constant entrepris, Ne peut estre empesché par aucun qu'il ne meure: Si ce n'est à l'instant, ce sera quelque autre heure. G. II. 862-864

207) mori volenti desse mors numquam potest. S. Ph. 886.

208) La mort jamais ne manque à ceux qui la desirent. Ses homicides arcs contre nous tousjours tirent. G. II. 1697, 98.

209) Quiconque veut mourir trouve la mort à poinct. G. Ae. 152.

210) qui cogit mori nolentem in aequo est qui properantem inpedit. nec tamen in aequo est: alterum gravius reor: occidere est retare cupientem mori. S. Oed. 98-101.

211) Qui contraint vivre aucun qui n'en a pas ennie N'offense moins qu'ostant à quelque autre la vie. G. Ae. 113, 114.

212) magnifica verba mors prope admota excutit S. Tr. 584.

213) tuta est perire quae potest debet cupit. S. Tr. 583.

214) cogi qui potest, nescit mori. S. H. F. 431.

215) contempsit omnes ille qui mortem prius. S. H. O. 446.

216) La mort n'est tant à craindre, Qu'elle doive personne à mal-
faire contraindre. G. C. 515, 16.

217) vitae est avidus quisquis non vult mundo secum pereunte mori.
S. Th. 886, 87.

218) heu quam dulce malum mortalibus additum vitae dirus amor:
cum pateat malis effugium et miseros libera mors vocet portus aeterna
placidus quiete. S. Ag. 610-13.

219) Las! que nous tourmente l'envie Et le desir de cette vie! Que
ce nous est un fier bourreau Qui nous travaille et nous martelle D'une
gesne perpetuelle Que l'ignoble peur du tombeau! G. A. 1248-53.

220) O quam miserum est nescire mori! S. Ag. 685.

220a) Illi mors gravis incubat, qui notus nimis omnibus, ignotus
moritur sibi. S. Th. 401-403.

221) O que c'est une chose vile, Sentant son courage imbecile, Qu'au
besoin ne pouvoir mourir! Laissant choir d'une main mollastre Le
poignard tiré pour combatre La douleur qu'on ne peut guarir. G. A.
1320-25.

222) ingrata vita est cujus acceptae pudet. S. M. 507 ff.

223) — retinenda non est cujus acceptae pudet. ib.

224a) Inhumain est celuy qui se brasse la mort. G. A. 553 ff.

224b) Inhumain n'est celuy qui de miseres sort. ib.

225) par ille est superis cui pariter dies et fortuna fuit. mortis
habet vices lente cum trahitur vita gementibus. S. H. O. 104-106.

226) nemo contempsit mori qui concupivit, cujus haud ultra mala
exire possunt in loco tuto est situs. S. Oed. 197-199.

227) nemo ad id sero venit unde numquam, cum semel venit, poterit
reverti. S. H. F. 868, 69.

228) Il ne faut point mourir avant sa vie esteinte. J. C. 116. (91).

229a) C'est par timidité que soymesme on se tue, Ayant contre un
malheur l'ame trop abbatue. G. C. 527, 28.

229b) Ce n'est par lascheté, ny par faute de cœur Qu'on recourt à
la mort pour sortir de langueur. G. C. 529, 530.

230) La mort vient assez tost, nostre jour limité Ne doit, quoy qu'il
ennuye, estre precipité. G. C. 505, 6.

231) Comme il n'est loisible au desceu de son Roy Abandonner la
place, en luy faulsant la foy, Il ne faut pas aussi que ceste place on
rende, Qu'on sorte de ce corps, si Dieu ne le commande. On l'iroit
offensant, luy qui veut bien qu'ainsi Qu'il nous preste la vie, il la retire
aussi. G. C. 545-550.

232) Il n'est si dure vie, Qui sans desplaire à Dieu, à la mort nous
convie. G. J. 675, 76.

233) Il faut attendre l'heur ordonnee à la Parque Pour nous faire
descendre en l'infernale barque. G. P. 519, 20.

234) La mort ne manque point, elle vient trop hastive. G. J. 683.

235) (la mort) vient assez tost et jamais ne ramene Une seconde
vie en la poitrine humaine. G. Ae. 369, 70.

236) Qui meurt pour des ingrats meurt inutilement. G. P. 590.

237) C'est mal fait de se perdre en ne profitant point. G. A. 549.

238) nocens videri, qui mori quaerit, cupit. S. H. O. 893.

239) mors innocentes sola deceptos facit. S. H. O. 894.

210) ut calidis fumus ab ignibus vanescit spatium per breve sordidus, ut nubes gravidas quas modo vidimus arctoi Boreae dissicit impetus: sic hic quo regimur spiritus effluet. S. Tr. 401 ff.

241) post mortem nihil est, ipsaque mors nihil, velocis spatii meta novissima. ib.

242) spem ponant avidi, solliciti metum. ib.

243) quaeris quo jaceas post obitum loco? quo non nata jacent. tempus nos avidum devorat et chaos. ib.

244) mors individua est noxia corpori nec parcens animae. Taenara est aspero regnum sub domino limen et obsidens custos non facili Cerberus ostio rumores vacui verbaque inania et par sollicito fabula somnio. ib.

245) Qu'attendons-nous pour fin et loyer des travaux? La mort et le loyer de nos bien et nos maux. J. D. 1595, 96. (193).

246) Comme d'un bois gommeux Sort en flambant un air fumeux, Qui haut se guide, Et volé bien avant és cieux Se pert, esloigné de nos yeux, Dedans le vuide: Ainsi de nostre corps mourant La belle ame se retirant, Au ciel remonte, Invisible aux humains regards, Et là, franche des mortels dards, La Parque domte. Elle sejourne avec les Dieux En un repos delicieux, Toute divine, Se bien-heurant d'avoir quitté La terre, pour le ciel voûté, Son origine. D'avoir sans violens efforts Faulsé de son terrestre corps Les chartres closes, Pour loin de son faix escarté Contempler en sa liberté Les saintes choses. Là le mortel souci ne poind, Là Lachesis ne file point, Là l'inconstance Du hasard, qui flotte tousjours Sur nos chefs en cet humains cours, Ne fait nuisance. G. Tr. 1341-1370.

247) virtus in astra tendit in mortem timor. S. H. O. 1980.

3) Unglück, Kummer, Furcht und Hoffnung.

248) quemcumque miserum videris, hominem scias. S. H. F. 466.

249) quemcumque fortem videris, miserum neges. S. H. F. 467.

250) malorum sensus accrescit die. leve est miserias ferre, perferre est grave. S. Th. 306, 7.

251) La peine est bien plus grande Qui voit sans fin son fait. J. D. 945, 46. (174).

252) Tousjours tandis que nous sommes En ce bas monde sejournant, Les malheurs compagnons des hommes Vont nostre vie entretenant. Les adversitez eternelles Se perchent dessur nostre chef Et ne s'en vont point qu'au lieu d'elles Ne survienne un plus grand mechef. Nature en naissant nous fait estre Sugets à les souffrir tousjours: Comme nous commençons à naistre, A naistre commencent leurs cours. G. A. 165 ff.

253) Et croissant nostre mortel age Ces malheurs avec nous croissant Nous vont tenaillant davantage Et davantage tirassant. ib.

254) Les tenebres plus obstinees Ne joignent la pesante nuict, La clairté dorant les journees De plus pres le Soleil ne suit, Et ne suit plus opiniatre L'ombre legere un corps mouvant, Que le malheur pour nous abbatre Sans cesse nous va poursuivant. G. A. 197-206.

255) iniqua raro maximis virtutibus fortuna parcit. S. H. F. 329. 330.

256) casus quem saepe transit aliquando invenit. S. H. F. 332.

257) *Avecq' les cœurs plus hauts La plus grande misère est née. J. D. 417, 18. (158).

259) La gresle petillante Desseus les toits, Et qui mesme est nuisante Au verd des bois, Contre les vins forcène En sa fureur Et trompe aussi la peine Du laboureur. N'estant alors contente De son effort, Ne met toute l'attente De fruits à mort. Quand la douleur nous jette Ce qui nous poind, Pour un seul sa sagette Ne blesse point. J. C. 1253-68. (132).

259) Rien n'espargne l'envie,

260) Et jamais un malheur ne vient sans compagnie. J. D. 639, 40. (165).

261) Communément les maux nous viennent tous au coup. G. Ae. 1419.

262) Alors que contre nous la fortune s'efforce, Du decroist d'un grand mal l'autre mal se renforce. J. D. 1101, 2. (181).

263) Assez tost un malheur se fait à nous sentir; Mais là! tousjours trop tard se sent un repentir. J. D. 927. 8. (174).

264) Tel bien souvent son fait pense amender Qu'on voit d'un gouffre en un gouffre guider. J. C. 893, 94. (118).

265) Un mal vient plus soudain abbatre Ceux qu'on voit le plus se debatre Comme un sanglier qui tant plus fort Pousse, escume, gronde et enrage, S'enferre tousjours davautage. J. D. 1052-56. (179).

266) *On ne peut recevoir Des maux, sinon quand on pense en avoir. J. C. 1055, 56. (124).

267) La douleur ne peut son relache trouver, Quand on sçait qu'on endure à faute d'esprouver Tout ce qui peut servir, car ce qui plus nous oste Le moyen de guarir c'est d'y voir nostre faute. J. D. 1165-68. (183).

267b) De toutes les peurs la peur la plus extrème C'est la peur d'un esprit coulpable envers soy-mesme. J. D. 1541, 42. (195).

268) Le feu n'est jamais du feu l'allegement Et le despit du mal nous cause un tiers tourment. J. D. 1131, 32. (182).

269) Ceste marâtre nature Qui se monstre beaucoup plus dure A nous qu'aux autres animaux, Nous donne un discours dommageable, Qui rend un homme miserable Et avant et après ses maux. J. D. 367-372. (156).

270) Nostre ame, quand l'horreur des filles de la nuict, De propos en propos, de pas en pas, la fuit, Or de brandons ardens, or d'ardentes tenailles Et or de noirs serpens devorant nos entrailles, Combien qu'envers le Ciel inculpable elle soit, Tousjours envers soy mesme une coulpe conçoit, Se condamnant sans fin des choses qui surviennent Croyant que pour cela les rages la retiennent. J. D. 1279-1286. (186).

271) Rien tant ne tourmente un homme en misere, Que se representer sa fortune prospere. G. A. 936, 37.

272) Vous avez beau couvrir de haras les montagnes, Et de troupeaux laineux les herbeuses campagnes, Avoir l'or qui jaunist sur le rivage mol Du Lydien Pactole, ou du Tage Espagnol, Estre de cent citez et de cent peuples maistre, Voire entre tous les Rois un monarque apparoistre: Que si dans vostre esprit n'avez contentement, Vostre felicité ne sera qu'un tourment. G. Ae. 2432-39.

273) Qui a du martyre en son entendement Bien qu'il soit un grand Roy, ne vit heureusement. G. Ae. 2430, 31.

274) quem fata cogunt ille cum venia est miser,

275) at si quis ultro se malis offert volens seque ipse torquet, perdere est dignus bona quis nescit uti. S. Ph. 448-51.

276) haud flere non est quisquam quod voluit potens. S. Ph. 1127.

277) Ceux que le sort contraint doivent vivre en soucy:

278) Mais ceux que la fortune embrasse favorable, S'ils se vont affligeant d'un vivre miserable, Et volontairement s'abandonnent au mal, Doivent perdre le bien dont ils usent si mal. G. H. 1168-72.

279) Quand un bien se presente il ne faut differer. G. J. 1658.

280) O malheureux celuy qui se peut secourir, Et faute de secours se va laissant mourir. G. A. 741, 42.

281) Celuy n'est plaint d'aucun qui obstiné ne veut Eviter son malheur, quand eviter le peut. G. H. 489 ff.

282) Il faut prevoir son mal, on diroit estre beste Cil qui plaindroit le joug qu'il s'est mis sur la teste. ib.

284) Ce n'est pas un hasard, s'il vient un infortune De nostre seule faute et non de la fortune. ib.

285) Alors est-ce hasard, s'il nous eschet d'avoir Quelque accident mauvais, que n'ayons peu prevoir. ib.

286) necessitas plus posse quam pietas solet. S. Tr. 590.

287) nullus est miseris pudor. S. Oe. 65.

288) Une necessité à tout mal se hasarde. J. D. 292. (154).

289) L'extreme douleur est volontiers plus forte A contraindre quelcun, que l'amitié qu'il porte. G. Tr. 857, 58.

290) levis est dolor qui capere consilium potest ot clepere sese, magna non latitant mala. S. M. 155, 56

291) Les plus petits ennuis qui dans nos cœurs se treuvent, Se descouvrent assez, mais les plus grands ne peuvent. G. H. 1345, 46.

292) miser occupet praesidia, securus legat. S. Tr. 506.

293) solent extrema facere securos mala. S. Oe. 390.

294) non expedit concutere felicem statum. S. Oe. 854.

295) tuto movetur quidquid extremo in loco est. S. Oe. 855.

296) iners malorum remedia ignorantia est. S. Oe. 528.

297a) ubi turpis est medicina, sanari piget. S. Oe. 530.

297b) On remedie au mal quand on le peut sçavoir. G. H. 1687.

298) dubiam salutem qui dat adflictis, negat. S. Oe. 217.

299) serum est cavendi tempus in mediis malis. S. Th. 487.

300) equidem malorum maximum hunc cumulum reor, si abominanda casus optanda efficit. S. Ph. 1128, 29.

301) tacere multis discitur vitae malis. S. Th. 319.

302) Selon que fortune est muable, Nous le sommes aussi: Comme elle change, adverse ou favorable, Nous changeons tout ainsi. G. J. 1777-1780.

303) Las! c'est grand cas qu'on ne trouve personne De courage assez haut, Qui la fortune et malheureuse et bonne Supporte comme il faut, Sans se troubler de ses presens volages, Qui n'arrestent non plus Que l'Ocean, qui mouille ses rivages De flus et de reflus. Car le bonheur ou l'enfle outre mesure, Quant il le va flattant Ou du malheur, survenant d'avanture, Il se rabaisse autant. G. J. 1765-1776.

304) Quiconque est en malheur ne se peut esgayer. G. J. 1726.

305) Celuy doit qui est en bonheur Chanter et rire, Mais il faut qu'un homme en malheur Tousjours soupire. G. J. 1237-40.

306) maeror lacrimas amat assuetas, flendi miseris dira cupido est, libet infaustos mittere questus, libet heu tyrio saturas ostro rumpere vestes, ululare libet. S. Th 956-60.

307) gaudet magnus aerumnas dolor tractare totas. S. Tr. 1076.

308) fletus aerumnas levat. S. Tr. 775.

309) La douleur que lon pleure est beaucoup allegee. G. Tr. 1061.

310) Les malheurs que lon pleure Reçoivent quelque allegement Et ne donnent tant de tourment. G. A. 322-324.

311) La douleur s'amoindrit quand elle est racontee. G. P. 1876.

312) La douleur qu'on decouvre est beaucoup augmentee. G. P. 1877.
313) Nos pleurs parmi les pleurs communément tarissent. G. C. 452.
314) Raconter ses ennuis n'est que les exhaler. G. P. 1879.
315) Raconter ses ennuis c'est les renouveler. G. P. 1880.
316) La douleur Qu'un malheur Nous rassemble, Tel ennuy A celuy Pas ne semble, Qui exempt Ne la sent; Mais la plainte Mieux bondit Quand on dit Que c'ést feinte. J. C. 801-812. (116).
316b) curae leves loquuntur ingentes stupent. S. Ph. 615.
317) Celuy larmoye seul qui de bon cœur larmoye. G. Ae. 2609.
318) dulce maerenti populus dolentum, dulce maerentis resonare gentes, lentius luctus lacrimaeque moident turba quas fletu similis frequentat. S. Tr. 1019 ff.
319) semper a semper dolor est malignus: gaudet in multos sua fata mitti seque non solum placuisse poenae. ib.
320a) ferre quam sortem patiuntur omnes nemo recusat. ib.
320b) nemo se credet miserum licet sit. ib.
321) tolle felices, removete multo divites auro, removete centum rura qui scindunt opulenta bubus: pauperi surgent animi jacentes. ib.
322) est miser nemo nisi comparatus. ib.
323) dulce in immensis posito ruinis neminem laetos habuisse vultus. ib.
324) ille deplorat queriturque fatum qui secans fluctum rate singulari nudus in portus cecidit petitos. aequior casum tulit et procellas mille qui ponto pariter carinas obrui vidit tabulaque litus naufraga terris mare cum coactis fluctibus corus prohibet reverti. ib.
325a) Nos gemissemens sont plus doux, Quand chacun gemist comme nous. G. Tr. 1983 ff.
325b) Nostre douleur est moins cuisante Et mord nos cœurs plus lentement, Quand nostre publique tourment Tout une commune lamente.
326) Ah! tousjours, tousjours un grand mal Se plaist de trouver son egal Un compagnon tousjours desire. ib.
327a) Et rien ne nous soulage tant Que de voir un autre portant Le mesme dueil qui nous martyre. ib.
327b) Alors aucun ne s'apperçoit Miserable, encor qu'il soit. ib.
328) Ostez les personnes heureuses, Ostez les riches, vous verrez Les pauvres qui sont atterrez, Lever les testes orgueilleuses. ib.
329) Nul ne se pense malheureux, Qu'accomparé d'un bien-heureux.
330) Las! qu'un homme qui se lamente Sent peu de consolation, Que quelcun en sa passion L'aborde la face riante. ib.
331) Celuy plus aigrement se pleint Qui est seul d'infortune atteint; Et plus impatient soupire Qui de la tourmente agité Nud contre un rocher est jetté, Voguant avec un seul navire. Mais en un semblable malheur Semblable n'est pas sa douleur, Voyant encombrer le rivage De mille vaisseaux renversez Qui par les vagues dispersez On fait avecque luy naufrage. ib.
332) D'autant estimons nostre fortune pire Qu'à quelcun d'entre nous elle semble sourire Aussi que peu souvent en temps calme nous chaut De tenir la raison pour boide comme il faut. G. C. 93-96.
333) Plus patient on porte une dure fortune, Quand on voit qu'elle tombe à tout chacun commune; Et rien tant ne console en un piteux esmoy. Que voir un autre en mesme ou pire estat que soy. G. C. 443-446.
334) misero datur quodcumque, fortunae datur. S. Tr. 706.
335) inclinat animus semper infirmo favens, miseros magis fortuna conciliat suis. S. Phœn. 23, 24.

336) On a communément pitié des miserables, Et leur condition nous les rend favorables: G. Ae. 530. 531.

337) Un bon amy doit l'autre assister en ennuy. G. A. 566.

338) Le malheur d'un amy fait empirer le nostre. G. C. 447 ff.

339) — Nostre propre malheur ne prend soucy d'un autre. ib.

340) — Encore est-on atteint des tristesses d'autruy. ib.

341) — Voire quand en soymesme on ne sent point d'ennuy. ib.

342) — Les larmes que lon voit nos larmes rafraichissent. ib.

343) non levat miseros dolor S. Ph. 412.

344) La plainte sert autant aux peines douloureuses Que l'huile dans un feu. J. D. 843. 844. (171).

345) Où le remede faut, rien ne sert de se plaindre: Il n'y pend que la mort est-elle tant à craindre. G. J. 1304, 4.

346) Nos destresses passees Et nos pertes ne sont par larmes effacees, Nos plaintes n'y font rien ; les royaumes perdus Ne sont pour lamenter par Jupiter rendus. G. Tr. 2395-98.

347) haud est virile terga fortunae dare. S. Oe. 86.

348) hoc decebat roboris tanti virum, non esse sub dolore nec victum malis dare terga;

349) non est (ut putas) virtus (pater) timere vitam, sed malis ingentibus obstare nec se vertere ac retro dare. S. Oed. 188-192

350) Il faut que l'on redouble L'ame pour vaincre un dueil. J. D. 98. 99. (148).

351) Il faut que le courage Nous croisse et nous decroisse avec le sort volage, Et suivre la saison. G. Tr. 733-35.

352) Nous forçons nos ennuis aux lois de la constance. J. D. 1164. (183).

353) Combien qu'il appartienne à l'homme de grand cœur, D'estre de la fortune en ses assauts vainqueur Et de ne succomber à la douleur maistresse:

354) Ains de fouler aux pieds la rongeante tristesse, Qui rampe dans nostre ame incurable poison Si lon ne la destrempe avecques la raison. G. Ae. 199-204.

355) Un magnanime cœur des malheurs ne se pleint. G. C. 510.

356) Nul humain accident ne domte un grand courage. G. C. 512.

357) On ne sçauroit flechir les resolus courages. G. C. 1422.

358) On doit tout esprouver, lors que nous cognoissons Eu nos extrêmes maux que rien nous ne laissons Qui nous puisse apporter l'heureuse delivrance. J. D. 1161-63. (183).

359) De plusieurs maus il faut choisir le moindre. G. P. 560.

360) Un mal passe le mal. J. D. 95. (148).

362) miserias lenit quies. S. M. 562.

363) Le temps corrige tout, quand on le conduist bien. G. II. 1332.

364) Le temps modere tout. G. C. 951.

365) Il n'y a malheur qui n'ait son reconfort. G. P. 1206.

366) Maintefois d'un grand mal il s'est fait un grand bien. G. H. 1331.

367) quae fuit durum pati meminisse dulce est. S. H. F. 660. 661.

368) Quand les malheurs ont sur nous tempesté Nous devons esperer de la prosperité. G. Ae. 1422. 3.

369) Il n'est malheur si grand que l'espoir n'adoucisse. G. J. 679.

370) Il n'est malheur si grand que l'espoir ne nourisse. G. J. 680.

371) Il faut bien esperer jusques au dernier poinct Et faire que de nous le mal ne vienne point. G. A. 521. 22.

372) Un chacun l'esperance reçoit. G. J. 681.

373a) quod nimis miseri volunt, hoc facile credunt — b) immo quod metuunt nimis, numquam moveri posse nec tolli putant. S. H. F. 317-319.

373c) ubi laeta duris mixta in ambiguo jacent, incertus animus scire cum cupiat timet. S. Oe. 212. 13.

375) Un chacun l'espérance deçoit. G. J. 682.

376) L'espoir flatte la vie, et doucement la pousse L'estranglant à la fin d'une corde moins douce. J. D. 597, 98. (164).

377) L'esperance qui nous conforte En nos angoisses, n'est si forte: Car souvent elle nous deçoit, Promettant guarir la misere De celuy, qui tousjours espere Un vain secours qu'il ne reçoit. G. A. 1266-71.

378) credula est spes inproba. S. Th. 296.

379) miserrimum est timere cum speres nihil. S. Tr. 434.

380) O grand malheur de craindre et de n'esperer rien. G. Tr. 636.

381) qui nil potest sperare, desperet nihil. S. M. 163.

382) qui pavet vanos metus, veros meretur. S. Oe. 713, 14.

383) proprium hoc miseros sequitur vitium numquam rebus credere laetis;

384) redeat felix fortuna licet, tamen afflictos gaudere piget. S. Th. 942-45.

385) prona est timori semper in pejus fides. S. H. F. 320.

386a) levius solet timere qui proprius timet. S. Tr. 524.

386b) cum magna horreas, quod posse fieri non putes metuas tamen. S. Oe. 25. 26.

387) Lors que l'on voit un mal obstinément espris Et que la froide peur se saisit des esprits, Il nous semble que tout nous donne tesmoignage De ce que nous craignons. J. D. 1999-2002. (207).

388) Quand la servitude, Le col enchesnant, Dessous le joug rude Va l'homme gesuant Sans que l'on menasse D'un sourcil plié, Sans qu'effort on face Au pauvre lié Assez il confesse, Assez se contraint Assez il se presse Par la crainte estraint. Telle est la nature Des serfs desconfits. Tant de mal n'endure De Japet le fils. J. C. 965-980. (121).

389) Il faut redouter ceux qui nous peuvent mal-faire. G. C. 968.

390) La peur ne print jamais racine en brave cœur. G. P. 615.

391) La crainte que lon a d'un mal tant soit extrème, Trouble plus un esprit que ne fait le mal mesme. G. C. 1457, 58.

392) Il vaudroit mieux mourir que vivre en deffiance. G. C. 1449.

393)* La vie qui n'est point en ce peureux soucy N'est seulement heureuse, ains la mort l'est aussi. G. C. 1451, 52.

4) Der Weise und das Glück (aurea mediocritas).

394) pastor gelida cana pruina grege dimisso pabula carpit .. ventis credit dubius navita vitae laxos auro complente sinus. hic exesis pendens scopulis aut deceptos instruit hamos aut suspensus spectat pressa praemia dextra. sentit tremulum linea piscem. haec innocuae quibus est vitae tranquilla quies et laeta suo parvoque domus. S. H. F. 139, 152 ff.

395) turbine magno, spes sollicitae urbibus errant, trepidique metus. ille superbos aditus regum durasque fores expers somni colit. ib.

396) hic nullo fine beatas conponit opes gazis inhians et congesto pauper in auro.

397) illum populi favor attonitum fluctuque magis mobile vulgus cura tumidum tollit inani. hic clamosi rabiosa fori iurgia vendens improbus, iras et verba locat. ib.

398) novit paucos secura quies qui velocis memores aevi tempora numquam reditura tenent. ib.

399) dum fata sinunt, vivite laeti. ib.

400) non alia magis est libera et vitio carens ritusque melius vita quae priscos colat, quam quae relictis moenibus silvas amat. non illum avarae mentis inflammat furor qui se dicavit montium insontem jugis, non aura populi et vulgus infidum bonis non pestilens invidia non fragilis favor. non ille regno servit aut regno imminens vanos honores· sequitur aut fluxas opes spei metusque liber. haud illum niger edaxque livor dente degeneri petit. nec scelera populos inter atque urbes sata novit nec omnes conscius strepitus pavet aut verba fingit. mille non quaerit tegi dives columnis nec trabes insolens suffigit auro ....

401) non in recessu furta et obscuro improbus quaerit cubili seque multiplici timens domo recondit aethera ac lucem petit et teste caelo vivit. S. Ph. 491-506. 530-533.

402) scelera non intrant casas tutusque mensa capitur angusta cibus venenum in auro bibitur. S. Th. 451-53.

403) venit ad pigros cana senectus humilique loco, sed certa sedet sordida parvae fortuna domus;

404) alte virtus animosa cadit. S. H. F. 201-204.

405) Heureux qui jamais n'eut de vie Ou que la mort dès le berceau Luy a, pitoyable, ravie, L'emmaillotant dans le tombeau. Heureux encore en sa misere Qui le cours d'une vie usant Loin des Princes se va retraire Et leurs charges va refusant. G. A. 205-212.

406) O qu'heureux est celuy qui vit tranquillement En son petit mesnage avec contentement. G. J. 1569. 70.

407) Celuy-là qui s'escartant des villes Se plaist dans les rochers des montagnes steriles, Et dans les bois fueillus ne se voit point saisir, Comme les bourgeois font, d'un avare desir. L'inconstante faveur des peuples et des Princes, L'appetit de paroistre honorable aux provinces Ne luy gesne le cœur, ni l'envieuse dent, Des hommes le poison, ne le va point mordant. G. H. 1201-8.

408) malum bonae praeferre fortunam licet. S. Th. 451.

409) quicquid in altum fortuna tulit, ruitura levat;

410) modicis rebus longius aevum est. felix mediae quisquis turbae parte quietus aura stringit litora tuta timidusque mari credere cumbam remo terras propiore legit. S. Ag. 103-108.

412) quanti casus humana rotant. minor in parvis fortuna furit levius ferit leviora deus, servat placidos obscura quies praebetque senes casa securos. S. Ph. 1132 ff.

112) humida vallis raros patitur fulminis ictus. tremuit telo Jovis altisoni Caucasus ingens Phrygiumque nemus matrisque Cybeles. metuens caelo Juppiter alto vicina petit. non capit unquam magnos motus humilis tecti plebeja domus. circa regna tonat. ib.

413) bene paupertas humili tecto contenta latet:

414) quatiunt altas saepe procellae aut evertit fortuna domos. S. O. 915-918.

415) Voyons les grands et ceux qui de leur teste Semble déjà deffier la tempeste: Quel heur ont-ils pour une fresle gloire? Mille serpens rongears en leur memoire, Mille soucis meslez d'effroyement, Sans fin

desir, jamais contentement. Dès que le ciel son foudre piroüette Il semble jà que pour eux il se jette, Dès lors que Mars près de leur terre tonne, Il semble jà leur ravir la couronne; Dès que la peste en leur règne tracasse, Il semble ja que leur chef on menasse. J Cl. 215 ff. (108).

416) Bref, à la mort ils ne peuvent penser Sans soupirer, blesmir et s'offencer, Voyant qu'il faut par mort quitter leur gloire, Et bien souvent enterrer la memoire. ib.

417) Où celui-là qui solitairement En peu de biens cherche contentement Ne pallit pas si la fatale Parque Le fait penser à la derniere barque, Ne pallit pas, non, si le ciel et l'onde Se rebroüilloyent au vieil chaos du monde. ib.

418) Telle est, telle est la mediocrité, Où gist le but de la felicité. ib.

419) O quel heur à la personne Le ciel gouverneur ordonne, Qui, contente de son sort Par convoitise ne sort Hors de l'heureuse franchise, Et n'a sa gorge submise Au joug et trop dur lien De ce pourchas terrien, Mais bien les autres sauvages Les beaux tapis des herbages, Les rejettans arbrisseaux, Les murmures des ruisseaux, Et la gorge babillarde De Philomèle jasarde, Et l'attente du printemps Sont ses biens et passetemps. J. C. 1087 ff. (126).

420) Sans que l'ame haut volante, De plus grand desir bruslante, Suive les pompeux arrois, Et puis, offensant ses rois, Ait pour maigre recompence Le feu, le glaive ou potance, Ou plutost mille remorts Conferez à mille morts. ib.

421) De rien les grandeurs passageres N'y servent: car plus elles sont Superbes, et plus les miseres A l'encontre levent le front;

422) Aux couronnes elles s'attachent Les menaçant, et maintefois De grande fureur les arrachent Du chef tyrannique des Rois. G. A. 181-8.

423) La Fortune n'outrage pas Volontiers les personnes basses, Elle n'appesantit ses bras Que sur les plus illustres races. G. P. 167 ff.

424) Les Rois craignent plus ses menaces, Que les durs laboureus ne font: Et le foudre est souvent aux places, Qui se montagnent plus le front. ib.

425) nec sibi felix pauper habetur, nisi felices cecidisse videt;

426) quisquis medium defugit iter stabile nunquam tramite currit male pensantur magna ruinis. S. H. O. 681, 82. 695.

427) quicquid excessit modum, pendet instabili loco. S. Oe. 930. 931.

428) Celuy qui entreprend d'estre plus qu'il ne peut, Souvent, trompé d'espoir, dechet plus qu'il ne veut. G. J. 205, 6.

429) magis unde cadas quam quo refert; magnum ex alto culmine lapsum stabilem in plano figere gressum. magnum ingenti strage malorum pressum, tracti pondera regni non inflexa cervice pati nec degenerem victumque malis rectum impositas ferre ruinas. S. Th. 929-936.

430) o quantum bonum est obstare nulli. falsis magna nominibus placent frustra timentur dura. S. Th. 446-18.

431) Quoi que soit, soit mort ou peine Que le soleil nous rameine En nous ramenant son jour, Soit qu'elle face sejour, Ou bien que par la mort griefve Elle se face plus briefve, Celuy qui ard de desir S'est tousjours senti saisir. J. C. 1119-1126. (127).

432) Jamais aux bas mortels les Immortels ne rendent Une assurance entière, et tousjours ceux qui tendent A la gloire plus haute ont leurs ames estreintes Aux soucis, aux travaux, aux songes et aux craintes. J. D. 141-144. (150).

433) Peu souvent en temps calme nous chaut De tenir la raison
pour bride comme il faut. G. C. 95. 9 5.

434) secunda non habent umquam modum. S. Oe. 707.

435) Nous sommes insolens des presens de Fortune, Comme s'elle
devoit nous estre tousjours une, Tousjours ferme et durable, et qu'elle
n'eust les piez, Comme elle a, sur le haut d'une boule pliez G. C. 97-100.

436) quod non potest, vult posse qui nimium potest. S. Ph. 220.

437) Celuy qui peut beaucoup, veut encor plus pouvoir: Et cil qui
ha beaucoup, veut encor plus avoir. G. H. 809, 10.

438) L'orgueil est tel, qui d'un malheur guerdonne La malheureuse
et superbe personne; Mesmes ainsi que d'un onde le branle Lorsque le
Nord dedans la mer l'ebranle, Ne cesse point de courir et glisser, Vire-
volter, rouler et se dresser, Tant qu'à la fin depiteux il arrive, Bruyant
sa mort, à l'écumeuse rive, Ainsi ceux-là que l'orgueil trompe icy Ne
cessent point de se dresser ainsi, Courir, tourner, tant qu'ils soyent agitez
Contre les bords de leurs felicitez. J. C. 429-440. (103).

439) De la terre humble et basse, Esclave de ses cieux, Le peu
puissant espace N'a rien plus vicieux Que l'orgueil, qu'on voit estre
Hay du ciel, son maistre, Orgueil qui met en poudre Le rocher trop
hautain; Orgueil pour qui le foudre Arma des Dieux la main, Et qui
vient pour salaire Luymesme se deffaire. J. C. 621-632. (109).

441) Toy que fortune accompagne riante, Bien-heurant, tes desseins,
Crains qu'elle tourne et te plonge inconstante En desastres soudains.
Ne t'orgueillis de l'heur de ta victoire, Car c'est un don de Dieu Qu'il
peut reprendre et t'en ostant la gloire Mettre un malheur au lieu;

442) Car luy qui maistre et terre et ciel tempere, Qui tout fait et
defait, Comme il est bon, aprement se colere D'un tyrannique fait;

443) Et c'est pourquoy, variant la fortune, Qui de sa dextre part,
Apres un bien depart une infortune, Puis autre bien depart.

444) Car il s'aigrist quand il voit que sa grace Nous rend audacieux,

445) Puis quand il a rabatu nostre audace, Il serene ses yeux.
G. J. 1797-1816.

446) Nostre felicité n'est aux possessions, Elle est de commander à
nos affections, D'embrasser la vertu, de ne cacher un vice Au fond de
l'estomach dont le front nous pallisse. G. C. 147-150.

447) Nous n'avons que la Vertu, Qui florisse tousjours une, Et qui
domte la Fortune Sous celuy qu'elle a vestu. Seule elle oppose les
larmes A ses aveugles alarmes G. P. 665-670.

448. 49) Plus le sort nous caresse et plus craindre il nous faut. Car
plus il nous eleve et plus cherrons de haut. G. J. 941, 42.

450) Celuy prudent la fortune modere En ses instables tours, Qui en
malheur un meilleur temps espere, En bon-heur craint tousjours. G. J.
1817-1826.

451) rex est, qui metuet nihil rex est, qui cupiet nihil. mens regnum
bona possidet hoc regnum sibi quisque dat. S. Th. 388-90. 380.

452) regem non faciunt opes, non vestis tyriae color, non frontis
nota regiae, non auro nitidae fores: rex est qui posuit metus et diri
mala pectoris, quem non ambitio impotens et numquam stabilis favor
vulgi praecipitis movet ......

453) qui tuto positus loco infra se videt omnia occuritque suo libens
fato nec queritur mori. S. Th. 314-52; 365-68.

454) summa est potestas nulla si cupias nihil. S. Th. 443.

455) par ille est superis cui pariter dies et fortuna fuit. mortis habet vices lente cum trahitur vita gementibus. quisquis sub pedibus fata rapacia et puppem posuit fluminis ultimi non captiva dabit bracchia vinculis nec pompae veniet nobile ferculum. numquam est ille miser cui facile est mori. S. H. O. 104-111.

456) felix quisquis novit famulum regemque pati, vultusque suos variare potest. vires pepulit pondusque malis casus animo qui tulit aequo. S. H. O. 231-235.

457) L'homme sage, sans s'esmouvoir Reçoit ce qu'il faut recevoir, Mocqueur de la vicissitude. Car si toutes choses qui viennent Avoyent paravant à venir, Si les douleurs qui en proviennent Par un malheureux souvenir, Ou bien la crainte qui devance L'evenement de telle chance Ne nous peuvent apporter mieux, Grands Dieux, qu'est-ce qui nous fait faire Plus malheureux en nostre affaire Que mesme ne nous font les cieux . . .

458) Heureux les esprits qui ne sentent Les inutiles passions, Filles des apprehensions, Qui seules quasi nous tourmentent. J. D. 359-362. (156).

459) O qu'on dit à bon droit celuy quatre fois sage, De qui le sort douteux n'altere le courage, Et qui de la fortune eslevé jusqu'en haut, N'entreprend point pourtant davantage qu'il faut: Demeure en mesme borne, et ne se glorifie De ces biens incertains, auxquels il ne se fie. G. P. 443-448.

470) Celuy commande plus qui vit du sien contant, Et qui va ses desirs par la raison domtant, Qui bourreau de soymesme apres l'or ne soupire, Qui ne convoite point un outrageux Empire. G. C. 143-146.

461) C'est plus de se domter, domter ses passions, Que commander Monarque à mille nations. G. J. 1017, 18.

462) Celuy qui s'arme le cœur D'une virile asseurance, Ne tombe sous la puissance De son ennemy vainqueur. Car jamais un grand courage Ne se soumet au servage. L'injuste commandement D'une tourbe populaire Ne le contraint de rien faire Contre son entendement, Non pas ny mesme la face D'un Tyran qui le menace. Encore que Jupiter Renverse de sa tempeste Tout le monde sur sa teste, Il ne peut l'espouvanter: La ruine sulphuree Battra sa teste asseuree. Soit ou qu'il se trouve enclos De mille piques guerrieres, Ou qu'aux ondes marinieres Il soit assiegé des flots Sa face libre de crainte Ne pallira point desteinte. G. P. 671-74.

463) Celuy qui d'une brave audace Voit, sans pallir, la noire face Du bourbeux fleuve d'Acheron: Et le traversant ne s'estonne De voir la perruque grisonne De son vieil batelier Charon: Qui peut voir, affranchy de crainte Des ombres l'effroyable feinte, Errans sur les rivages cois, Qu'Alecton de sa torche ardante Et ses couleuvres n'espouvante, Ny Cerbere de ses abois: Mais qui peut disposer luy-mesme, Quand il veut de l'heure supreme De ses libres jours sans effroy. Cette belle franchise estime En son courage magnanime Plus que la fortune d'un Roy. G. A. 1278-1295.

464) Quiconques ne fremist aux menaces de mort, N'est suject comme un peuple aux injures du Sort. L'eau, la flamme, le fer, le ciel et Jupin mesme Ne sçauroyent de frayeur luy faire le front blesme. G. C. 533-36.

B. Sentenzen über das Verhältnis des Menschen zum Menschen.

5. Der König.

465) non capit regnum duos. S. Th. 444.

466) Ainsi que le ciel est regi d'un seul maistre, D'un seul maistre regi ce bas monde doit estre. G. A. 14&& ff.

467) Deux compagnons ensemble en un mesme pouvoir Ne se peuvent souffrir, ny faire leur devoir. Tousjours sont en querelle, en jalousie, en haine, Et ce pendant le peuple en porte seul la peine. ib.

468) Il n'y a foy qui dure entre ceux qui commandent Egaux en quelque lieu, tousjours ils se debandent, Ils se rompent tousjours, et n'a jamais esté Entre Rois compagnons ferme societé. G. C. 33-36.

469) imperia pretio quolibet constant bene, S. Phön. 302.

470) Nul n'achette trop cher qui un Royaume achette. G. Ac. 935.

471) Un regne acquis vaut mieux que l'espoir d'estre roy. J. D. 999 (177).

472) habere regnum casus est, virtus dare. S. Th. 529.

473) muliebre non est regna tutari urbium. S. Ph. 627.

474) pulchrum eminere est inter illustres viros, consulere patriae parcere adflictis fera caede abstinere tempus atque irae dare orbi quietem seculo pacem suo. — haec summa virtus, petitur hac caelum via. S. O. 484-8S.

475) hoc reges habent magnificum et ingens nulla quod rapiat dies, prodesse miseris, supplices fido lare protegere. S. M. 222-25.

476) quo plura possis, plura patienter feras. S. Tr. 263.

477) Tant plus nous avons sur autruy de puissance, Tant plus il nous convient user de patience. G. Tr. 1401, 2.

478) S'il n'estoit point d'offense, Un roy n'auroit moyen de monstrer sa clemence. G. J. 1011, 12.

479) Le crime d'un suget Sert aux bontez d'un Roy d'honorable suget, Et plus ce crime est grand que veinqueur il pardonne, Et plus en pardonnant de louange il se donne. G. J. 1013-16.

480) La douceur en un Prince est un celeste don. G. J. 1033.

481) sanguine humano abstine qui unique regnas. scelera taxantur modo majore vestra. S. II. F. 749-751.

482) qui statuit aliquid parte inaudita altera: aequum licet statuerit. haud aequus fuit. S. M. 198. 199.

483) justo esse facile est cui vacat pectus metu. S. O. 453 ff.

484) — magnum timoris remedium clementia est. ib.

485) — estinguere hostem maxima est virtus ducis. ib.

486) — servare cives major est patriae patri. ib.

487 Tout Prince doit au crime attacher le supplice, Et de ses bons sujets guerdonner le service: A fin qu'on soit à bien incité par bienfait, Et par peines démeu de commettre un mesfait. G. J. 259-262.

488) Toute principauté en repos se maintient, Quand on rend à chacun ce qui luy appartient. G. Ac. 1750 ff.

489) Il faut le vicieux punir de son offense, Et que l'homme de bien le Prince recompense. ib.

490) La peine et le loyer sont les deux fondemens Et les fermes piliers de tous gouvernemens. ib

491) Tousjours un Roy doit estre au chastiment tardif, Mais à faire du bien se monstrer excessif. G. J. 265. 66.

492) Les Dieux qui de là haut Sçavent ce qu'il nous faut Nous donnent la Justice, Pour le propre loyer Aux vertus octroyer, Et reprimer

le vice. Mortels, nous n'avons rien Sur ce rond terrien, Qui tant nous soit utile Que d'observer les loix, Sous qui les justes Rois Gouvernent une ville. La Justice nous fait Vivre un âge parfai⁺ En une paix heureuse: Les bons elle maintient, Et des mechants retient La main injurieuse. G. Ae. 2086-2109.

493) Un Prince n'est sujet aux lois de sa province. G. Ae. 2036.

494) Une ordonnance est vaine, Si l'infracteur d'icelle est exempt de la peine. G. Ae. 1740. 41.

495) Tu veux que mes sujets me prescrivent des loix? — Ils doivent au contraire obeir à leurs Rois, A leurs Rois, leurs seigneurs, les aimer et les craindre: Aussi la loy publique un Roy ne doit enfreindre. G. Ae. 2038-41.

496) ubi non licet tacere quid cuiquam licet? — imperia solvit qui tacet jussus loqui. S. Oe. 539. 540.

497) (tacere liceat. ulla libertas minor a rege petitur?) — saepe vel lingua magis regi atque regno muta liberta obest. S. Oe. 537. 38.

498) odere reges dicta quae dici jubent. S. Oe. 533.

499) certissima est regnare cupienti via laudare modica et otium ac somnum loqui. S. Oe. 695 ff.

500) ab inquieto saepe simulatur quies. ib.

501) Le droit est d'observer ce que le Roy commande. G. Ae. 1608 ff.

502) Il faut tousjours bien faire encor qu'il le defende. ib.

503) Dieu ne commande pas qu'aux lois on n'obeïsse. G. Ae. 1808 ff.

504) — Si fait, quand elles sont si pleines d'injustice. ib.

505) D'une ordonnance injuste il ne faut tenir compte. G. Ae. 1552.

506) Il faut suivre des grands le vouloir qui nous lie. G. Ae. 1576 ff.

507) Faire plus qu'on ne peut est estimé folie. ib.

508) Ce n'est point deshonneur à un Prince bien sage, D'apprendre quelquefois d'un moindre personnage, Et suivre son advis s'il le conseille bien, Sans par trop s'obstiner et arrester au sien. G. Ae. 2016-19.

509) Communément un Roy ne sçait que ce qui plaist, Que chose de son goust, car la reste on luy taist. G. Ae. 2006. 7.

510) Si est-ce qu'il n'est rien qui soit tant perilleux A l'estat d'un grand Roy qu'un sujet orgueilleux, Qu'un sujet contumax, qui sans fin s'evertue D'estre contrariant à tout ce qu'il statue. G. Ae. 1986-89.

511) La puissance du Roy les coeurs rebelles donte, Et les soumet aux loix, dont ils ne tiennent conte. G. Ae. 1840. 41.

512) Un peuple contumax par la force est donté. G. Ae. 917.

513) C'est donner à vray dire au rebelle un appas, Qu'en supporter le crime et ne le punir pas. G. J. 253, 54.

514) praeferre patriam liberis regem decet. S. Tr. 341.

515) est regis alti spiritum regi dare. S. Tr. 336.

516) regi tuenda maxime regum est salus. S. Oe. 246.

517) immane regnum est posse sine regno pati. S. Th. 470.

518) nec abnuendum est, si dat imperium deus.

519) — nec adpetendum est. S. Th. 471. 72.

520) laus vera et humili saepe contingit viro, non nisi potenti falsa. Th. 211 ff.

521) rex velit honesta: nemo non eadem volet. ib.

522) ubicumque tantum honesta dominanti licent, precario regnatur. ib.

523) ubi non est pudor nec cura juris, sanctitas pietas fides: instabile regnum est. ib.

524) sanctitas pietas fides privata bona sunt: qua juvat, reges eant. ib.

525) calcat jacentem vulgus. S. O. 467 ff.
526) — invisum opprimit. ib.
527) — ferrum tuetur principem. ib.
528) — melius fides. ib.
529) — decet timeri Caesarem. ib.
530) — at plus diligi. ib.
531) — metuant necesse est. ib.
532) — quicquid exprimitur grave est. ib.
533) male imperatur cum regit vulgus duces. S. O. 591 ff.
534) — nil impetrare cum valet juste dolet. ib.
535) — exprimere jus est ferre quod nequeunt preces? — negare
durum est. ib.
536) — principem cogi nefas. ib.
537) — remittat ipse. ib.
539) — fama sed victum feret. ib.
540) — levis atque vana. ib.
541) — sit licet, multos notat. ib.
542) — excelsa metuit. ib.
543) — non minus carpit tamen. ib.
544) La clemence est l'honneur d'un Prince debonnaire. G. P. 831 ff.
515) — La rigueur est tousjours aux Princes necessaire. ib.
546) — Un Prince est bien voulu pour son humanité. ib.
547) — Un Empereur est craint pour sa severité. ib.
648) Qui pardonne à quelcun le rend son redevable. G. J. 903 ff.
549) — Qui remet son injure il se rend mesprisable.
550) — Pardonnant aux veincus on gaigne le cœur d'eux. ib.
551) — Pardonnant un outrage on en excite deux. ib.
552) — La douceur est tousjours l'ornement d'un monarque. ib.
553) — La vengence tousjours un brave cœur remarque. ib.
554) — Rien ne le souille tant qu'un fait de cruauté. ib.
555) — Qui n'est cruel n'est pas digne de royauté. ib.
556) Quelle gloire de n'estre honoré que par feinte? — Mais c'est
une grandeur de l'estre par contreinte. G. J. 915 ff.
557) La louange et l'amour sont communs à chacun, ib.
558) Mais de contraindre un peuple à tous n'est pas commun, Il
n'appartient qu'aux grans. Les Rois sont craints de force, Et les petits
aimez par une douce amorce. ib.
560) Il n'est chose qui tant que la rigueur desplaise. G. A. 1504 ff.
561) — Quel aise a celuy que tout le monde craint? — D'estre
craint et d'avoir ses ennemis esteint. ib.
562) — Communément la crainte engendre de la haine. ib.
563) — La haine sans pouvoir communément est vaine. ib.
564) — Au Prince que lon craint on desire la mort. ib.
565) — Au Prince qu'on ne craint bien souvent on fait tort. ib.
566) — Il n'est de telle garde et de telle defense Que de ses Citoyens
avoir la bien-vueillance. ib.
567) — Rien n'est plus incertain, plus foible et plus leger, Que la
faveur d'un peuple enclin à se changer. ib.
568) — Bons Dieux, que chacun aime un Prince debonnaire! ib.
569) — Que lon porte d'honneur à un Prince severe! ib.
570a) — Il n'est rien plus divin que la benignité. ib.
570b) — Rien ne plaist tant aux Dieux que la severité. ib.

571) maximum hoc regni bonum est, quod facta domini cogitur populus sui tam ferre quam laudare. S. Th. 205-207.

572) Ce que le Prince approuve à son peuple doit plaire. G. J. 912.

573) Celuy ne regne pas qui son vouloir limite. G. J. 923 ff

574) Aux Rois qui peuvent tout, toute chose est licite. ib.

575) — Un Prince qui peut tout ne doit pas tout vouloir. ib.

576) — La volonté d'un Prince est conforme au pouvoir. ib.

577) justa qui reges timet deponat, omne pellat ex animo decus.
S. Ph. 436-38.

578) malus est minister regii imperii pudor. ib.

579) rudis est tyrannus morte qui pœnam exigit. S. Ag. 1053.

580) qui morte cunctos luere supplicium jubet, nescit tyrannus esse.
S. H. F. 515.

581) regna cum scelere omnibus sunt exilis graviora. S. Phön. 263.

582) Le droict est violé, et dit-on qu'on ne doit. Quand on veut
dominer, avoir souci du droit. G. P. 785, 86.

583) Il n'est chose si sainte En l'ame des mortels, qui puisse retarder
L'indomtable desir qu'on ha de commander. Non la crainte des Dieux et
du grondant tonnerre, Non l'amour que l'en doit à sa natale terre, Non
des antiques loix le sceptre à tous egal, Non la chaste amitié du lien
conjugal, Non le respect du sang, non l'amour ordinaire Du pere à ses
enfans, des enfans à leur pere, Ne peut rien contre un cœur, que le
soin furieux De maistriser chacun, maistrise ambicieux. G. C. 936-46.

584) L'alliance et le sang demeurent sans pouvoir Contre les con-
voiteux, qui veulent tout avoir. Le fils à peine peut souffrir son propre
pere En un commun royaume, et le frere son frere: Tant cet ardant
desir de commander est grand, Et tant de jalousie en nos cœurs il
esprend! G. A. 1010 ff.

585) On permettra plustost aimer celle qu'on aime, Que de communi-
quer au sacré diadême. ib.

586) Toute chose on renverse, et tout droit on esteint, Amitié,
parentele: et n'y a rien si saint Qu'on n'aille violant pour se rendre seul
maistre: Et n'a-ton soing comment, pourveu qu'on le puisse estre. ib.

587) gravis ira regum est semper. S M. 497.

588) nemo potentes aggredi tutus potest. S. M. 433.

589) L'ire n'est point en la puissance Des princes, et l'impatience
Contraint leur cœur dessous ses loix. J. D. 398-400. (157).

590) Tout ce qui se voit de serpens Aux deserts d'Afrique rampans,
Des monstres le fameux repaire: Tout ce qu'aux Hyrcaniques mons Loge
de Tigres vagabons N'est tant à craindre qu'un colere: Qu'un colere, qui
maintefois A tant faict lamenter de Rois, Despouillez de sceptre et
d'Empire: Qui de tant de braves Citez A les murs par terre jettez Et
tant faict de Palais destruire. G. H. 1953-64.

591) Jamais homme cruel n'eut l'ame magnanime. G. J. 271 ff.

592) — Si un Roy n'est severe on n'en fait point d'estime. ib.

593) — On l'est tousjours assez; un Monarque irrité A tousjours, se
vengeant, trop de severité. L'on ne voit à grand' peine homme qui s'y
tempere: S'il ne se faict raison, c'est qu'il ne le peut faire, Mais un Roy
qui peut tout, n'a qu'à se retenir, Si quelqu'un l'a fasché de ne le trop
punir. ib.

594) Un Roy vainqueur n'a point de borne en sa vengeance. G. J. 647.

595) omnis in ferro est salus alieno in loco haut stabile regnum est.
S. H. F. 34?-48.

596) ars prima regni est posse invidiam pati. S. H. F. 357.

597) regnare non vult esse qui invisus timet. S. Phön. 292.

598) simul ista mundi conditor posuit deus odium atque regnum. S. Phön. 293 ff.

599) regis hoc magni reor odia ipse premere. ib.

600) multa dominantem vetat amor suorum; plus in iratos licet. ib.

601) qui vult amari languida regnat manu. ib.

602) odia qui nimium timet regnare nescit. S. Oe. 716, 17.

603) Ne regne qui voudra de haine estre delivre. G. A. 919-921.

604) .. Avec le royaume est la haine tousjours, Tousjours elle se voit dans les royales Cours. ib.

605) regna custodit metus. S. Oe. 716.

606) quos cogit metus laudare, eosdem reddit inimicos metus. S. Th. 207, 8.

607) qui sceptra duro saevus imperio regit, timet timentis. metus in auctorem redit. S. Oe. 717-19.

608) La crainte, qui la haine engendre, Importune nous poursuivant, A beaucoup d'hommes fait souvent Beaucoup de choses entreprendre. G. C. 1281-84.

609) iniqua numquam regna perpetua manent. S. M. 195.

610) invisa numquam imperia retinentur diu. S. Phoen. 298.

611) Un Prince trop cruel ne dure longuement. G. P. 858, 59.

612) — Un Prince trop humain ne regne seurement. ib.

613) dubia pro certis solent timere reges. S. Oe. 712.

614) ille, qui donat diadema fronti, quem genu nixae tremuere gentes, cujus ad nutum posuere bella Medus et Phoebi propioris Indus et Dahae Parthis equitem minati: anxius sceptrum tenet et moventes cuncta divinat metuitque casus mobiles rerum dubiumque tempus. S. Th. 599-606.

615) o regnorum magnis fallax fortuna bonis in praepiti dubioque locas nimis excelsos. S. Ag. 57 ff.

616) numquam placidam sceptra quietem certumve sui tenuere diem. ib.

617) alia ex aliis cura fatigat vexatque animus nova tempestas. non sic Libycis Syrtibus aequor furit alternos volvere fluctus ...... ut praecipites regum casus fortuna rotat. ib.

619) metui cupiunt metuique timent. non nox illis alma recessus praebet tutos, non curarum somnus domitor pectora solvit. ib.

620) quas non arces scelus alternum dedit in praeceps, inpia quas non arma fatigant? jura pudorque et conjugii sacrata fides fugiunt aulas: sequitur tristis sanguinolenta Bellona manu, quaeque superbos urit Erinys nimias semper comitata domos, quas in planum quaelibet hora tulit ex alto. ib.

621) licet arma vacent cessentque doli, sidunt ipso pondere magna ceditque oneri fortuna suo. ib.

621b) vela secundis inflata notis ventos nimium timuere suos. nubibus ipsis inserta caput turris pluvio vapulat austro densasque nemus spargens umbras annosa videt robora frangi. feriunt celsos fulmina colles, corpora morbis majora patent et cum in pastus armenta vagos vilia currant, placet in vulnus maxima cervix. ib.

622a) rara fides ubi jam melior fortuna ruit. S. H. O. 605 ff.

622b) tu quicunque es, qui sceptra tenes, licet omne tua vulgus in aula centum pariter limina pulset, cum tot populis stipatus eas, in tot populis vix una fides. ib.

623) tenet auratum limen Erinys et cum magnae patuere fores,

intrant fraudes, cautique doli ferrumque latens cumque in populos
prodire paras, comes invidia est. ib.

624) noctem quotiens submovet eos regem toties credite nasci. ib.

625) pauci reges, non regna colunt, plures fulgor concitat aulae,
cupit hic regi proximus ipsi clarus latas ire per urbes: urit miserum
gloria pectus. ib.

626) cupit hic gazis inplere famen nec tamen omnis plaga gemmi-
feri snfficit Histri, nec tota sitim Lydia vincit nec quae Zephyro subdita
tellus, stupet aurato flumine clarum radiare Tagum, nec si totus serviat
Hebrus ruraque dives jungat Hydaspes intraque suos currere fines spectet
toto flumine Gangen. avidis avidis natura parum est. ib.

627) colit hic reges, regumque lares, non ut presso vomere semper
numquam cesset curvus arator vel mille secent arva coloni solas optat
quas ponat opes. colit hic reges, calcet ut omnes perdatque alios, nullum-
que levet tantum ut noceat, cupit esse potens. ib.

628) quota pars moritur tempore fati! quos felices Cynthia vidit,
vidit miseros enata dies. ib.

629) rarum est felix idemque senex. caespes tyrio mollior ostro
solet impavidos ducere somnos, aurea rumpunt tecta quietem vigilesque
trahit purpura noctes. ib.

630) o, si pateant pectora ditum. quantos intus sublimis agat fortuna
metus. bruttia coro pulsante fretum mitior unda est. ib.

631a) pectora pauper secura gerit tenet et patula pocula fago, sed
non trepida tenet ille manu, carpit faciles vilesque cibos, sed non strictos
recipit enses. ib.

631b) aurea miscet pocula sanguis. conjunx modico nupta marito non
disposito clara monili gestat pelagi dona rubentis ..... sed non dubios
fovet illa toros. ib.

632) sequitur dira lampade Erinys quarum populi coluere diem. ib.

633) La crainte et le soupçon, la défiance palle Accompagnent tousjours la majesté royale, Engendrez de rapports: les rapports nuict et
jour, Hostes perpetuels, ne bougent d'une Cour. G. A. 1032-35.

634) Sans fin les Rois sont agitez De diverses adversitez — Le soing
et la peur ne les lasche; Ils ne reposent nullement. Car il leur semble
à tout moment Que la couronne on leur arrache. G. Ae. 998 ff.

635) La mer aux deux Syrtes flottant Les ondes ne boulverse tant
Et Scylle si fort ne tempeste Un navire de ses abois Que la peur tourmente les Rois Des soupçons qu'ils ont en la teste. ib.

636) Ils vont redoutans leurs voisins, Ils craignent leurs sujets mutins
La peur en leur ame est empreinte. ib.

636a) Ils veulent que d'eux on ait peur Et toutesfois tremblent au
cœur S'ils voyent que lon en ait crainte. ib.

637) Allez Rois, et pensez que l'instable Fortune Ne vous soit comme
à nous une crainte commune: Allez, et estimez que la felicité De vos
sceptres tant craints dure en eternité: Vous trebuchez souvent d'une
plus grand' ruine D'autant que vostre main plus puissante domine.
G. H. 1869 ff.

638) Les grands Rois de ce monde aupres du peuple bas, Sont comme
les rochers qui vont levant les bras Si hauts et si puissans sur la planiere
terre: Mais qui souvent aussi sont battus du tonnerre. ib.

639) O combien les Rois sont couverts Tous les jours de hazards
divers! Qu'au sort est sujette leur vie. G. C. 1285-87.

640) Peu de Tyrans selon le cours De nature ferment leurs jours:

641) Celuy vit bien plus seurement, Qui loin do tout gouvernement Caché desous un toict de chaume, Sans rien craindre et sans estre craint, Incogneu n'a l'esprit atteint Des troubles sanglans du Royaume. G. C. 1291, 92; 1297-1302.

643) Il n'est telle seurté qu'en l'amitié des siens.

644) — Il n'est telle rancueur qu'elle est de citoyens. G. C. 1117, 18.

645) Le peuple les Princes suit, Mais refuit Leurs couronnes abatues. G. T. 2358 ff.

646) Quiconque Prince tu sois, Dont les loix A mille peuples commandent, Entouré de toutes pars De soudars Qui valeureux te defendent: Qui vois chacun se mouvoir Pour te voir D'une joyeuse allaigresse Et de grand' aise ravi A l'ennui Te faire importune presse: Pense qu'en tant de sujets Arrengez Par troupes dedans la rue, Et de ceux qui font sejour En ta cour Nul de bon cœur te saluë. Ou bien s'ils ne sont moqueurs En leurs cœurs, Et ne fardent leur visage Croi qu'à la premiere peur Du malheur Ils changeront de courage. ib.

647) La foy n'arreste jamais Aux Palais Que la Fortune abandonne. ib.

648) Chacun retire sa foy De ce Roy Que le malheur environne ib.

649) vos quibus rector maris atque terrae jus dedit magnum necis atque vitae, ponite inflatos tumidosque vultus: quicquid a vobis minor expavescit, major hoc vobis dominus minatur. S. Th. 607-611.

650) victima haut ulla amplior potest magisque opima mactari Jovi quam rex iniquus. S. H. F. 926-28.

651) Jupiter pere de tous, Vomissant son juste courroux Sur les superbes diademes, Fait à fin de les malheurer, En contre eux souvent conjurer Leurs enfans, et leurs femmes mesmes. G. C. 1273-78.

652) Dieu rabaisse le cœur des Monarques hautains Qui s'egalent à luy et qui n'ont cognoissance Que tout humain pouvoir provient de sa puissance. G. J. 930-32.

653) Toute ame genereuse indocile à servir, Deteste les Tyrans. G. C. 1205.

654) Celuy qui d'un courage franc Prodigue vaillanent son sang Pour le salut de la Patrie, Qui sa vie entretient exprés Pour meurtrir les Tyrans pourprés Sans crainte qu'elle soit meurtrie: Et qui au travers des cousteaux, Des flammes. et des gouffres d'eaux Asseuré dans son ame brave, Les va tuer entre les dards De mille escadres de soldars, Delivrant la franchise esclave, Comme un Peuple ne tombe pas De la mort gloute le repas: Son renom porté par la gloire Sur l'aile des siecles futurs Franchira les tombeaux obscurs D'une perdurable memoire. G. C. 1237-1254.

655) Le peuple, qui ne satisfait Que d'ingratitude au bienfaict, De ceux le merite guerdonne, Qui pour le delivrer des mains De quelques tyrans inhumains, Mettent en danger leur personne. G. C. 1267-72.

656) in servitutem cadere de regno grave est. S. Phoen. 236.

657) Il n'est rien plus estrange Que faire d'un Royaume à des prisons eschange. G. J. 1059, 60.

658) Il n'y a tel malheur que perdre son empire. G. Ae. 910 ff.

659) — Qui fait guerre à son frere est encore en un pire. ib.

660) C'est vergongne à un Roy de survivre vaincu. G. J. 1309 ff.

661) Un bon cœur n'eust jamais son malheur survescu. ib.

662) La dignité du maistre est aux serfs honorable. G. J. 607 ff.

663) Et leur joug bien que dur en est plus supportable. ib.

664) durum et invisum et grave est servitia ferre. S. Tr. 910.

665) Rien n'est tant que la franchise En ce chetif monde heureux, Et qui plus souvent attise Un courage genereux. G. A. 798 ff.

666) Mais s'il faut vivre en servage, Et sous un joug se ranger, Tousjours un joug estranger Nous oppresse d'avantage: Et double sugection Sentons en nostre courage D'une estrange nation. ib.

667) Un magnanime cœur ne peut vivre en servage. G. C. 511.

6. Krieg und Frieden.

669) La guerre seroit donc des hommes rejettable? — Il la faut detester s'elle n'est raisonnable. G. C. 1175, 76.

670) Toute guerre est cruelle et personne ne doit L'entreprendre jamais sinon avecques droit. G. T. 407 ff.

671) Mais si pour sa defense et juste et necessaire Par les armes il faut repousser l'adversaire, C'est l'honneur de mourir la pique dans le poing Pour sa ville et l'avoir de sa vertu tesmoing. ib.

672) quaeritur belli exitus, non causa. S. H. F. 411.

673) pacem reduci velle victori expedit victo necesse est. S. H. F. 372, 73.

674) arma non servant modum nec temperari facile nec reprimi potest stricti ensis ira. S. H. F. 407 ff.

675) bella delectat cruor. ib.

676) regi frenis nequit et ira et ardens hostis et victoria conmissa nocti S. Tr. 268-90.

677) Du soldat ne peut l'outrageuse insolence Tellement se domter qu'il n'use de licence. Quand la nuict, la victoire et le corroux luy ont Acharné le courage et mis l'audace au front. G. Tr. 1425-28.

678) cum victor arma posuit, et victum decet deponere odia. S. H. F. 413.

679) si aeterna semper odia mortales gerant nec coeptus umquam cedat ex animis furor nihil relinquent bella. S. H. F. 366-68.

680) Si des mortels les sanglantes querelles Dans leur cœur acharné croupissent eternelles, Si tousjours le courroux, si la faim de combattre En nostre cruel sang bouïllone opiniastre: Que jamais le vainqueur, que le vaincu jamais Ou ne vueille, ou ne puisse incliner à la paix, Tout s'en ira destruit, cette fureur perverse Jettera tout d'un coup le monde à la renverse. G. P. 887, 88; 891-96.

681) lex nulla capto parcit aut poenam inpedit. S. Tr. 342 ff.

682) quod non vetat lex, hoc vetat fieri pudor. ib.

683) quodcumque libuit facere victori, licet. ib.

684) minimum decet libere cui multum licet. ib.

685) Il n'est point defendu par les loix de la guerre De tuer les haineux de sa natale terre. G. Tr. 1481 ff.

686) — L'honneur et le devoir defendent maintefois De faire ce qui n'est defendu par les loix. ib.

687) — Ce qui plaist au vainceur est loisible de faire. ib.

688) — D'autant qu'il peut beaucoup, d'autant luy doit moins plaire. ib.

689) Celuy souvent trop tost borne sa gloire Qui jusqu'au bout se vange en sa victoire. J. C. 873, 74. (118).

690) Il ne faut qu'un vainqueur insolemment se porte. G. Tr. 1581.

691) noscere hoc primum decet quid facere victor debeat victus pati. S. Tr. 265 ff.

692) violenta nemo imperia continuit diu, moderata durant. ib.

693) quoque fortuna altius evexit et levavit humanas opes hoc se
magis supprimere felicem decet varios que casus tremere metuentem
deos nimium faventes. ib.

694) C'est peu de vaincre, il faut considerer Ce qu'un vainqueur
doit faire, un vaincu endurer.

695) Et craindre la fortune aux presens variables. D'autant plus que
les Dieux se monstrent favorables. G. Tr. 1403 ff.

696) Aux ennemis domtez il n'y a point de foy. G. C. 1108.

697) De meurtres doit user qui s'asseurer desire. G. A. 1502 ff.

698) — On ne s'asseure point, des ennemis faisant. ib.

699) D'un Citoyen amy la vie est tousjours chere,

700) Mais d'un qui ne l'est pas nous doit estre legere. G. P. 563, 64.

701) De ceux jamais les os ne seront honorez, Qu'on a vivans encor
ennemis declarez. G. P. 593, 94.

702) Un ennemy public aimer il n'appartient. G. Ae. 1886.

703) On fait bien d'ennemis quelquefois des amis. G. C. 1419 ff.

704) — On fait plus aisément d'amis des ennemis. ib.

705) Pardonnant aux veincus on gagne le cœur d'eux. G. J 905.

706) Qui tient son ennemy Et ne le meurtrist point n'est vengé qu'à
demy. G. J. 225 ff.

707) — Au contraire en sa mort il pert toute vengeance. Car l'ennemy qui meurt sort de nostre puissance. ib.

708) Qui tient ses ennemis, les doit destruire tous. G. P. 550.

709) C'est vergongne de faire Guerre à son ennemi, que lon ne veut
desfaire G. P. 1195, 96.

710) pejor est bello timor ipse belli. S. Th. 572.

711) perdere est patriam grave, gravius timere. S. Tr. 922, 23.

712) De ceux jamais l'oubly n'ombragera la cendre, Qui pour le ciel
natal voudront leur vie espandre. G. P. 591, 92.

713) Qui meurt pour le païs vit eternellement. G. P. 589.

714) O trois et quatre fois heureux. Ceux qui d'un fer avantureux
Se voyent arracher la vie, Avecques un cœur genereux Se consacrans
à la patrie. De ceux-là les os enterrez Ne seront de l'oubly serrez.
Ains recompensez d'une gloire Revivront tousjours honorez Dedans le
cœur de la Memoire. G. P. 1383-92.

715) Le droit Qu'on doit à son païs, qu'à sa naissance on doit, Toute
autre amour surmonte: et plus qu'enfant, que pere, Que femme, que
mary, nostre patrie est chere. G. C. 1125-28.

716) felix quisquis bello moriens omnia secum consumpta tulit. S.
Tr. 169, 170.

717) O bienheureux celuy, qui mourant en la guerre, De soy-mesme
heritier ne laisse rien sur terre: Ains voit tout consommer devant que
de mourir, Et avecque sa mort toute chose perir. G. Tr. 269-72.

718) Il n'est trespas plus glorieux Que de mourir audacieux Parmy
les troupes combatantes, Que de mourir devant les yeux De tant de
personnes vaillantes. G. P. 1379-83.

719) Celuy trop tost ne meurt, qui meurt victorieux. G. C. 1436.

720) Un vaillant soudart ne guerroye, Si quant-et-quant ses Empereurs
Ne l'allechent de quelque proye. G. P. 1340-42.

7. Tugend, Laster, Verbrechen und Strafe.

721) tunc est probanda si locum virtus habet. S. M. 160 ff.

722) numquam potest non esse virtuti locus. ib.

723) virtutis est domare quae cuncti pavent. S. H. F. 439.

724) Il faut que le devoir sur quelque bien se fonde. G. A. 613 ff.

725) — C'est dessur la vertu le seul bien de ce monde. ib.

726) — Qu'elle est ceste vertu? — Ce qui nous est decent. ib.

727) De poursuivre ses droits à chacun est permis. G. Ae. 1883.

728) L'affection premiere est à nous-mesmes deüe. G. A. 587.

729) Les Dieux ne veulent point qu'aucun aille faisant, Ce que luy estant fait luy seroit desplaisant. Ils veulent que l'on juge un autre par soymesme, Et comme nous ferons qu'on nous face de mesme. G. C. 119-122.

731) C'est la raison qu'ainsi Qu'on est traitté de nous, nous le soyons aussi. G. C. 123, 24.

732) quotiens necesse est fallere aut falli a suis, patiare potius ipse quam facias scelus. S. Phön. 131, 32.

733) Hà qu'il vaut mieux Estre trompé, que d'estre aux siens fallacieux, Souffrir quelque forfait que le faire soy-mesme, Et perdre que ravir un Royal diadême. G. Ae. 720-23.

734) Le mal qu'un autre fait n'est pas cause vallable De nous faire à l'ennuy commettre un mal semblable. G. H. 599, 600.

735) Le vice ne doit pas les hommes inciter De le prendre à patron à fin de l'imiter. G. H. 601, 602.

736) Le vice où qu'il puisse estre est tousjours odieux. G. J. 913.

737) qui favoris gloriam veri petit, animo magis quam voce laudari volet. S. Th. 209, 210.

738) non est ad astra mollis e terris via. S. H. F. 441.

739) Tout brave cœur ne fait que de la gloire estime. G. Tr. 1446.

740) La louange est le prix de tout cœur magnanime. G. Tr. 1445.

740b) *Que l'ardente ambition Nous cause d'affliction Qu'elle nous file d'esclandre. G. Ae. 596-98.

741) Un cœur se doit flechir, et l'homme est l'adversaire Des hommes et des dieux lorsque, d'un mechant cœur, Fuit plus tost la pitié que son propre mal'heur. J. D. 602-604. (164).

742) L'humble douceur commande au cheval plus retif, Non le rude esperon. J. D. 1272, 73. (186).

743) On gaigne par bienfaits les cœurs les plus sauvages. G. C. 1421.

744) Celuy n'est pas mechant qui point ne recompense, Mais mechant est celuy qui aux bienfaits ne pense. J. D. 707, 708. (167).

745) Des hommes l'amitié doit estre tousjours une, Sans bransler variable, avecque la Fortune, Qui tousjours se desplace, et oncques ne voudroit Arrester constamment sa boule en un endroit. Aussi faut recevoir comme chose usagere Les revocables biens qu'elle preste legere Et ne s'en asseurer, ny fonder son espoir, Comme dessur un bien qui ne puisse dechoir. G. A. 980 ff.

746) Au contraire penser que rien n'est de duree Fors la seule Vertu, nostre hostesse asseurée: Nous moderant de sorte en la prosperité, Que ne soyons troublez d'une infelicité, Quand sur nous elle arrive, et ne prenant trop d'aise De la bonne Fortune, ennuy de la mauvaise. ib.

747) La pieté ne peut mettre la pitié bas. J. D. 995. (176).

748) interim scelus est fides. S. A. O. 484.

749) aditum nocendi perfido praestat fides. S. Oe. 699.

750) Ha foy! ha stable foy! seul gage inviolable Des hommes et des Dieux, cent fois est punissable Celuy qui, t'offensant de certeine science Amortit l'eguillon que sent sa conscience. J. D. 1629-32. (195).

751) La foy, la foy des hommes N'est seure nulle part. J. D. 902. (173).

752) La foy se reclame en vain Où le gain Pousse nos ames tortues. G. Tr. 2335-37.

753) O que la faim de l'or les cœurs mortels espoind! Qu'est-il de tant sacré qu'il ne viole point? L'hoste égorge son hoste et n'est amour si sainte Qui tous les jours ne soit par ce desir esteinte. G Tr. 2629-32.

754) Les ours courans vagabonds Par les monts Et par les forets obscures Ont plus de ferme amitié La moitié Que n'ont les hommes parjures. G. Tr. 2317-22.

755) Que la religion est souvent un grand fart!

756) — La religion sert sans art et avec art. J. D. 1003, 4 (177).

757) Le Vice tortu Imite la vertu De telle ressemblance, Que, ne l'appercevant Nous ne voyons souvent De deux la difference. Le bon chemin est droict Mais tellement estroict Que souvent on devoye: Entrant dans les chemins Des deux vices, voisins De cette droicte voye. G. Ae. 2122 ff.

758) Car celuy mainte fois Qui de cruelles lois Une cité police, Par la rigueur mesfait Plus que celuy ne fait Dont il punist le vice. Pource que d'Equité Prenant l'extremité De sa route destourne Aussi bien que celuy Qui dissemblable à luy Surpasse l'autre bourne. ib.

759) Tel souvent nourrit une haine, Qui emmielle sa langue, pleine De toute ardente affection. J. D. 1025 ff. (178).

760) Tel bien souvent les Dieux mesprise Qui pour bastir son entreprise Ne bruit que de religion: L'un ainsi les esprits amorce, L'autre ainsi peu à peu prend force. ib.

761) Tandis et l'une et l'autre feinte Donne mainte mortelle atteinte:

762) Car l'esprit qui se pense aimé Se prend et se plaist en sa flame, Tant qu'il sente le corps et l'ame, Le bien et l'honneur consommé. En son repas l'oiseau s'englüe. D'un apast le poisson se tüe. ib.

763) Et l'autre, qui du tout se fie Des biens, de l'honneur, de la vie, Sus celuy qui pense estre sainct, Voit enfin l'ame ambitieuse. Une ame en fin seditieuse, Qui tout vif jusqu'au vif l'atteint; La vipère meurt, pour salaire De trop à sa vipère plaire. ib.

764) Alors tant plus de force on use, Quand on voit la traistresse ruse, Et souvent plus on se fait tort. ib.

766) Il n'est forcenement si grand Que d'une rancœur fraternelle, Quand la convoitise s'y prend. G. Ae. 1513-15.

787) Il faut que toute envie Et que toute rancœur meure avecque la vie. G. Ae. 1540, 41.

768) L'envie est tousjours jointe à la prosperité, L'on est de l'heur d'autruy volontiers despité. G. C. 91, 92.

769) La haine fait le dol. J. D. 107 (149).

770) Que la malice peut ingenieux nous rendre Quand elle veut son tort contre le droit deffendre! J. D. 759, 60 (169).

771) L'homme mechant est seur Qu'il n'est né que pour prendre. J. D. 766 (169).

772) Si nostre conscience envers nous ne surmonte Jamais par la raison la malice on ne domte. J. D. 763, 64 (169).

773) Le courroux fait la langue, et les plus outragez Sont ceux qui, bien souvent, poussent de leurs poitrines, Des choses que l'ardeur fait sembler aux divines. J. D. 976-78. (175).

773b) L'ire desloge la raison De nostre cerveau, sa maison: Puis y bruit l'ayant delogee Comme un feu dans un chaume espars, Ou un regiment de soudars En une ville saccagee. G. H. 1947-1952.

774) La haine sans pouvoir communément est vaine. G. A. 1509.

774b) Un courroux sans puissance Ne sçauroit apporter qu'au courroucé nuisance. G. P. 1283, 84.

775) proxima puris sors est manibus nescire nefas. S. H. F. 1104, 5.

776) quis nomen usquam sceleris errori addidit? — saepe error ingens sceleris obtinuit locum. S. H. F. 1244, 45.

777) La plus part des delicts se fait par imprudence. G. Ae. 1993.

778) nemo fit fato nocens. S. Oe. 1041.

779) haud est nocens quicunque non sponte est nocens.

780) — quicunque fato ignoscit et parcit sibi errare meruit. S. H. Oe. 890, 91.

781) multis remissa est vita quorum error nocens non dextra fuerat. — fata quis damnat sua? — quicunque fata iniqua sortitus fuit. S. H. Oe. 904-906.

782) nocens videri qui mori quaerit cupit. S. H. Oe. 893.

783) sera numquam est ad bonos mores via.

784) quem paenitet peccasse paene est innocens. S. Ag. 244, 45.

785) det ille veniam facile cui venia est opus. S. Ag. 268.

786) Personne n'est mechant qu'avecques volonté. G. Ae. 136.

787) gravia quisquis vulnera patiente et aequo mutus animo pertulit, referre potuit. S. M. 151 ff.

788) ira quae tegitur nocet professa perdunt odia vindictae locum. ib.

789) honesta quaedam scelera successus facit. S. Ph. 606.

790) scelus aliqua tutum, nulla securum tulit. S. Ph. 169.

791) scelere velandum est scelus. S. Ph. 729.

792) per scelera semper sceleribus tutum est iter. S. Ag. 116.

793) quod metuit, auget qui scelus scelere obruit. S. Ag. 152.

794) tutissimum est inferre cum timeas gradum. S. Ph. 730.

795) C'est un acte prudent d'avancer une injure Quand nous sommes certains que lon nous la procure. G. H. 1497, 98.

796) nullum ad nocendum tempus angustum est malis. S. M. 293.

797) extrema primo nemo tentavit loco.

797b) — rapienda rebus in malis praeceps via est. S. Ag. 154, 55.

798) sceleris est aliquis modus. S. Th. 1055.

799) sceleri modus debetur ubi facias, non ubi reponas. S. Th. 1056.

800) res est profecto stulta nequitiae modus. S. Ag. 151.

801) ad auctorem redit sceleris coacti culpa. S. Tr. 880, 81.

802) saepe in magistrum scelera redierunt sua. S. Th. 311.

803) cui prodest scelus, is fecit. S. M. 503.

804) Ceux qui sont compagnons à faire un acte imfâme, Sont compagnons aussi pour en recevoir blâme. G. H. 547, 48.

805) qui non vetat peccare cum possit, jubet. S. Tr. 300.

806) Qui souffre un crime estre fait par autruy S'il le peut empescher offense autant que luy. G. T. 1439, 40.

807) *Tout homme mortel Peche cent fois le jour encontre l'Eternel Qui sçait bien qu'en naissant nature nous y pousse. C'est pourquoy, le sçachant, tant moins il se courrouce. G. J. 1461-64.

808) Nostre ame bien que divine Et pure de tout mesfait, Entrant dans un corps infet Avec luy se contamine. Nul ne se peut empescher En

ce monde de pecher Tant est nostre humaine race Encline à se devoyer,
Si Dieu ne vient deployer Sur nous sa divine grace. G. J. 99-108.
  809) scelera non ulcisceris nisi vincis. S. Th. 195, 96.
  810) La vengence tousjours un brave cœur remarque. G. J. 908.
  811) Qui a fait le dommage en doit porter la peine. G. J. 1055.
  812) Si tu as fait du mal à quelcun, tu ne dois Te plaindre si de
luy d'autre mal tu reçois. G. T. 2493, 94.
  813) Un grand crime demande une clemence grande. G. J. 1007, 8.
  814) Un grand crime tousjours un grand torment demande. ib.
  816) Le merité supplice Ne suit incontinent apres le malefice. G.
C. 891, 92.
  817) Tout brave cœur est lent à la punition. G. J. 650.
  818) Tous crimes on pardonne Fors celuy seulement qui touche à la
couronne. G. J. 251, 52.
  819) Ce sont les grands qu'on doit punir plus griefvement. G. J. 286.
  820) De nous mesmes tousjours les adversaires sommes, Les juges,
les bourreaux. J. D. 1558, 69 (196).

8. Weib, Liebe, Ehe und Familie.

  821) dux malorum femina. haec scelerum artifex obsedit animos ...
S. Ph. 566, 67.
  822a) instruitur omni fraude feminea dolus. S. Ph. 836.
  822b) Il n'est mechanceté que n'invente une femme. I n'est fraude
et malice où ne plonge son ame. G. H. 1265, 66 ¹).
  823) Le naturel des femmes est volage, Et à chaque moment se
change leur courage.
  824) Bien fol qui s'y abuse et qui de loyauté Pense jamais trouver
compagne une beauté. G. A. 145-148.
  825) Il n'est rien que ne domte une aimable beauté. G. A. 429.
  826) res est forma fugax: quis sapiens Cono confidit fragili? S.
Ph. 781, 82.
  829) probitas fidesque conjugis mores pudor placeant marito; S.
O. 559 ff.
  830) sola perpetua manent, subjecta nulli, mentis atque animi bona. ib.
  831) florem decoris singuli carpunt dies. ib.
  832) excedat agedum rebus humanis Venus quae supplet ac restituit
exhaustum genus: orbis jacebit squalido turpis situ vacuum sine ullis
classibus stabit mare alesque caelo derit et silvis fera solis et aër per-
vius ventis erit. quam varia leti genera mortalem trahunt carpuntque
turbam pontus et ferrum et doli. S. Ph. 477-481.
  833) providit ille maximus mundi parens cum tam rapaces cerneret
fati manus, ut damna semper subole repararet nova. S. Ph. 474-76.
  834) deum esse amorem turpis et vitio furens finxit libido quoque
liberior foret titulum furori numinis falsi addidit. S Ph. 200-202.
  835) volucrem esse amorem fingit immitem deum mortalis error ...
S. O. 569, 570.

---

  1) Diese Sentenz habe ich anfangs überschn (cf. § 46, Anm. 5).
822a und 821 durften also § 15 und § 16 nicht mit aufgeführt werden.

836) vis magna mentis blandus atque animi calor amor est. juventa gignitur luxu otio nutritur inter laeta fortunae bona. S. O. 573 ff.

837) quem si fovere atque alere desistas, cadit brevique vires perdit extinctus suas. ib.

838) — hanc esse vitae maximam causam reor per quam voluptas oritur. S. O. 578 ff.

839) interitu caret cum procreetur semper humanum genus amore grato qui truces mulcet feras. ib.

840) Jupiter ... Nous a donné l'amour pour laisser une race Qui nous survive morts et tienne nostre place. G. H. 1243; 1249, 50.

841) amore didicimus vinci feros. S. Ph. 246.

842) vincit saevas cura novercas. S. Ph. 365.

843) vicit et superos amor. S. H. O. 476.

844) saepe obstinatis induit frenos amor et odia mutat. S. Ph. 581,82.

845) Amour domte le cœur des hommes et Dieux Et les contraint aimer ce qu'ils ont odieux. G. H. 1287, 88.

846) Qui ne verroit comment L'amour croist son pouvoir de son empeschement? Mais souvent d'autant plus qu'au fait on remedie Et plus en vain dans nous s'ancre la maladie. J. D. 461-64 (160).

847) L'amour amollist tout, fust-ce un rocher sauvage. G. H. 823.

848) vindicat omnes natura sibi nihil immune est. veteres cedunt ignibus irae, cum jussit amor. S. Ph. 361-64.

849) odit verus amor nec patitur moras. S. H. F. 592.

850)* qui bien aime, aime impatiemment. J. D. 662 (166).

851) La persuasion Gesne, esclave, en l'amour la prompte affection. J. D. 717, 18 (167).

852) L'amour ne se peut feindre. J. D. 705 (167).

853) Amour non à son faict, mais à son feu regarde, Et le danger le prend quand moins il y prend garde. J. D. 821, 22 (171).

854)* En pechant contre Amour nous pechons contre nous. J. D. 550 (162).

855) L'amour trop mise en un ... Est la haine de tous, et la haine de soy. J. D. 611, 12 (164).

856) Jamais homme n'aima sans haïr son repos. J. D. 1016 (178).

858) Plus de grace a l'amour, moins il a de seurté. J. D. 446 (159).

859) De la foy des amans les dieux ne font que rire ¹). J. D. 994 (176).

860, 61) L'amour, qui plus qu'au corps en nostre ame domine Ne se guarist jamais du jus d'une racine; (*Mais on dit que le vers qui est du ciel appris Domine sur l'amour et dessus nos esprits). J. D. 1723, 24 (198).

862) L'amour fait que l'on doit du soleil s'ennuyer ²), Si la seule eau d'oubli peut ses flames noyer. J. D. 657, 58 (166).

863) L'amour, qui tient l'ame saisie, N'est qu'une seule frenaisie, Non une deïté, Qui, comme celuy qui travaille D'un chaud mal, poinçonne et tenaille Un esprit tourmenté. J. D. 2365 ff. (218).

864) Celuy dont telle fièvre ardente La memoire et le sens tourmente Souffre sans sçavoir quoy; Et sans qu'aucun tort on luy face, Il combat, il crie, il menace Seulement contre soy. Son œil de tout objet se fasche,

---

1) cf. Ovid, Ars Amatoria V. 633: Juppiter ex alto perjuria ridet amantum.

2) cf. S. 40 Anm. — Oder ist der Untergang der Sonne im Meer gemeint? Die Seite 40 gegebene Erklärung scheint mir jetzt etwas zweifelhaft.

Sa langue n'a point de relasche, Son desir de raison: Ore il cognoist
sa faute, et ore Sa peine le raveugle encore, Fuyant sa guarison, Tel
est l'amour, tel est la peste Qu'il faut que toute ame deteste. Car lors
qu'il est plus doux Il n'apporte que servitude, Et apporte, quand il est
rude, Tousjours la mort sur nous. ib.

865) Nul vivant ne se peut exempter de furie,
866) Et bien souvent l'amour à la mort nous marie. J. D. 2417,
4S (221).

867) Les rages amoureuses S'appréhendent au vif lors que nous nous
plaignons, Et les desespoirs sont des regrets compagnons. J. D. 441-46 (171).

868) Plus cruels sont les coups dont l'amour aiguillone Que ceux-la
que la dextre homicide nous donne. J. D. 2205, 6 (213).

869) Bienheureux est celuy qui ne sent dans ses veines Comme
soulfre boüiller les amoureuses peines. G. H. 1065-68.

870) quisquis in primo obstitit pepulitque amorem tutus ac victor
fuit. qui blandiendo dulce nutrivit malum sero recusat ferre quod subiit
jugum. S. Ph. 137-140.

871) teneris in annis haud satis clara est fides, pudore victus cum
tegit flammas amor. S. O. 550, 51.

872) juvenilis ardor impetu primo furit, languescit idem facile nec
durat diu in venere turpi ceu levis flammae vapor: amor perennis conjugis castae manet. S. O. 194-197.

873) Amour est un serpent, un serpent voirement Qui dedans nostre
sein glisse si doucement Qu'à peine le sent on: mais si lon ne prend
garde De luy boucher l'entree, et tant soit peu lon tarde, Bien tost privez
d'espoir de toute guarison Nous aurons nostre sang infect de sa poison:
Et alors (mais trop tard) cognoistrons. nostre faute D'avoir laissé entrer
une beste si caute. G. H. 477-434.

874) Il advient rarement Que ceux qui sont nostre tourment Et
nostre guarison ensemble Soyent esmeus de quelque pitié Et que sous
pareille amitié Ce cruel Amour les assemble. G. H. 893-88.

875) Il n'est si mortelle poison Qui ne treuve sa guarison: Tout, fors
qu'amour, se rend curable, Quand Cupidon fait que celuy, Qui ha le
remede avec luy N'a la volonté secourable. Mainte cruelle passion Commande à nostre affection: Mais passion si furieuse Jamais pour nous
gesner n'apprit Si fort tourment en nostre esprit Que ceste fureur
amoureuse. G. H. 911-922.

876) Pour s'entre-aimer commet-on tant de mal?
— Non pas pour s'entre-aimer d'un amour conjugal. G. H. 513 ff.
877) — L'amour ne se doit pas borner du mariage. ib.
878) — Ce ne seroit saus luy qu'une brutale rage. ib.
879) — Nature ne nous fait esclaves d'un espoux. ib.
880) — Non mais les sainctes loix qui sont faites pour nous. ib.

881) Les hommes nos tyrans, violant la Nature, Nous contraignent
porter cette ordonnance dure, Ce miserable joug que ny ce que les flots
Enferment d'escaillé, ny ce qui vole enclos Dans le vuide de l'air, ce
qui loge aux campagnes Aux ombreuses forests, aux pierreuses montagnes
De cruel, de bening, de sauvage, et privé Plus libres qu'entre nous n'a
jamais esprouvé. Là l'innocente amour s'exerse volontaire, Sans pallir
sous les noms d'inceste et d'adultere, Sans crainte d'un mari qui flambe
de courroux Pour le moindre soupçon qu'ait son esprit jaloux. Et n'est-
ce pas pitié qu'il faille que l'on aime A l'appetit d'un autre et non pas
de soymesme? G. H. 519 ff.

882) En ce monde il n'y a pire subjection Que de se voir contraindre en son affection. ib.

883) *O folles que nous sommes, O folles quatre fois, helas nous les (sc. hommes) croyons Et sous leurs feints soupirs indiscrettes ployons. Ils promettent assez qu'ils nous seront fidelles, Et que leurs amitiez nous l'iront eternelles: Mais ô deloyauté, les faulsaires n'ont pas Si tost nos simples cœurs surpris de leurs appas, Si tost ils n'ont deceu nos credules pensees Que telles amitiez se perdent effacees, Qu'ils nous vont dedaignant se repentant d'avoir Travaillé, langoureux voulant nous decevoir. G. H. 668-78.

884) nulla vis flammae tumidive venti tanta nec teli metuenda torti quanta cum conjunx viduata taedis ardet et odit. caecus est ignis stimulatus ira nec regi curat patiturve frenos haud timet mortem: cupit ire in ipsos obvius enses. S. M. 582-85. 594-97.

885) est aliquid hydra potius: iratae dolor nuptae. S. H. O. 286.

886) magnus dolor iratus amor est. S. H. O. 454.

887) ultimum est nuptae malum palam maritam possidens paelex domum. nec regna socium ferre nec taedae sciunt. S. Ag. 257-59.

888) lex alia solio est, alia privato in toro. S. Ag. 265.

889) *Tu sçais combien est monstrueuse D'un courroux feminin l'ardeur tempestueuse. J. D. 1659, 60.

890) Rien n'est plus furieux que la rage D'un cœur de femme. J. C. 1030, 31. (123).

891) Qu'une femme que jalousie, Que haine ou qu'amour ont saisie Est redoutable! et que son cœur Couve de fielleuse rancœur! Celle-là forcene en la sorte Voire d'une fureur plus forte Qui dedaignec en son amour, Porte au cœur la haine à son tour. Elle ne brasse que vengence La vengence la joint tousjours: Et quoy qu'elle discoure et pense, Ce ne sont que sanglans discours. Elle tourne et retourne en elle Mainte mensongere cautelle Ardant de venger son refus: Son esprit regarde confus Entre milles ruses fardees, Et là, peschant abondammant Y prend, les ayant regardees, La meilleure à son jugement. Puis faulse sous un faux visage Vomist le fiel de son courage Plus mortel que n'est le venin De quelque serpent Getulin. De voix de soupirs et de larmes Couvre, coulpable, son forfaict, Et avecques les mesmes armes De son ennemy se desfaict. G. H. 1539-42; 1563-86.

892) ferae quoque ipsae veneris evitant nefas generisque leges inscius tenet pudor. S. Ph. 921, 22.

893) inlicita amantur, excidit quicquid licet. S. H. O. 359.

894) quisquis secundis rebus exultat nimis fluitque luxu semper insolita appetit. tunc illa magnae dira fortunae comes subit libido: non placent suetae dapes non tecta sani moris aut vilis sinus. S. Ph. 209-213.

895) Quiconque s'orgueillit de sa prosperité, Qui ne prend sa fortune avec sobrieté, Qui tombe de mollesse et delicat ne treuve Rien à son appetit que toute chose neuve, Qui ore en ses habits, ores en son manger, Ore en ses bastimens ne veut rien qu'estranger, Celuy le plus souvent en ses entrailles porte De l'amoureuse ardeur une pointe plus forte Que le pauvre commun et son esprit troublé Va tousjours forcenant d'un desir dereglé. L'amour accoustumé luy desplait trop vulgaire: Il veut s'ébatre d'un qui ne soit ordinaire, Qui ne soit naturel, mais tout incestueux, Mais tout abominable, horrible et monstrueux. G. H. 793 ff.

896) Tousjours, tousjours les grands ont leurs ames esprises Ont leurs cœurs enflammé des choses non permises. ib.

697) La douce volupté, delices de Cypris, Debilite nos corps, offusque nos esprits, Trouble nostre raisou, de nostre cœur dechasse Toutes saintes vertus et se met en leur place. G. A. 1170 ff.

898) Ce venin est mortel egalement à tous, mais il fait aux grands Rois plus d'outrages qu'à nous. ib.

899) Comme le fin Pescheur attire le poisson Avec un traistre appas qui couvre l'hameçon: Ainsi le plaisir sert au vice de viande, l'our nostre ame amorcer, qui en est trop friande. G. A. 1174-77.

900) mens inpudicam facere non casus solet. S. Ph. 743.

901) Celle n'est point blessee en sa pudicité Qui est prise d'aucun contre sa volonté. On peut forcer le corps mais l'ame qui est pure Maugré le ravisseur est exempte d'injure. G. H. 1519-22.

902) honesta primum est velle nec labi via,

903) pudor est secundus nosse peccandi modum. S. Ph. 145, 46.

903a) Toute fille d'honneur perdra plus tost la vie Que sa pudicité luy soit d'aucun ravie. G. T. 1659, 60.

904) aures pudica conjugis solas timet. S. Ph. 882.

905) Une femme ne doit conter à son mary Chose dont il puisse estre en le sçachant marry. G. H. 1679, 80.

906) Un loyal mary vers sa femme qu'il aime N'est pas un estranger c'est un autre elle mesme. G. H. 1677, 78.

907) Une femme mechante apporte bien du mal A celuy qu'elle estreint d'un lien conjugal. G. Ae. 1978, 79.

908) matris superbum est nomen et nimium potens. S. Ph. 617.

909) animosa mater nullos admittit metus. S. Tr. 597.

910) conciliat animos conjugum partus fere. S. H. O. 410.

911) sagax parentum est cura. S. Ph. 157.

912) generosa in ortus semina exurgunt suos. S. Tr. 545.

913) Volontiers la vertu le sang illustre suit Et des peres l'honneur en leurs enfans reluit. G. Tr. 1659, 1660.

914) Le païs nous oblige, et sans fin nous devons Aux parens, au païs tout ce que nous pouvons. J. D. 737, 38. (168).

915) Un debonnaire enfant Ne s'affecte à cela que son pere defend, C'est pourquoy des enfans tout le monde desire, Qui n'aillent, arrogans, leurs peres contredire: Comme on ne voit aucuns qui ne prennent plaisir Que d'avoir à leur pere un contraire desir. G. Ae. 1966, 1971.

916) Tout homme volontiers ses ancestres ressent. G. P. 1077.

917) qui genus jactat suum aliena laudat. S. II. F. 344, 45.

Anhang.

918) tempori aptari decet. S. M. 175.

919) propria descripsit deus officia et aevum per suos duxit gradus. laetitia juvenem, frons decet tristis senem. S. Ph. 461.

920) Toute chose ha son propre et naturel office. Ce qui sied bien à l'une, à l'autre est souvent vice. L'allegresse convient au front du jouvenceau, Et non pas du vieillard qui se ride la peau: Au contraire le soin et la rigueur honneste Honore l'homme vieil, qui blanchist par la teste. G. H. 1177-1182.

921) juvenile vitium est regere non posse impetum. S. Tr. 259.

922) La jeunesse ne peut commander à soy mesme Cet âge tousjours porte une fureur extréme. G. Tr. 1397, 98.

923) fortem facit vicina libertas senem. S. Ph. 144.

924) praecipere mitem convenit pueris senem. S. O. 457.

925) L'age tousjours apprend. J. D. 1719 (198).

926) Tousjours tard un homme se fait sage. J. Cl. 620 (109).

927) ingenia melius recta se in laudes ferunt si nobilem animum vegeta libertas alit. S. Ph. 467, 68.

928) post multa virtus opera laxari solet. S. H. F. 480.

928b) Tousjours vient une perte, un regret, une honte, Quand plus des estrangers que des siens on tient conte. J. D. 1795, 96 (200).

929) fama vix vero favet pejus merenti melior et pejor bono. S. Ph. 274, 275.

930) Le bruit du populaire erre le plus souvent, Louant un vicieux, blasmant un bien vivant G. H. 869, 870.

930b) Souvent le faux nous plaist, soit que nous desirions Que la chose soit vraye, ou soit que nous couvrions Sous une honneste mort et la honte et la crainte. J. D. 713-15 (167).

931) saepe jam spatio obrutam levis exoletam memoriam revocat nota. S. Oe. 841, 42.

932) veritas odit moras. S. Oe. 871.

933a) veritas numquam perit. S. Tr. 623.

933b) dediscit animus sero quod didicit diu. S. Tr. 641.

934) saepe eruentis veritas patuit malo. S. Oe. 848.

935) Souvent se deffier est estimé prudence. G. C. 1450.

936) La desfiante peur assure une couronne. G. J. 943 ff.

937) Elle fait la prudence, et rarement s'est veu Qu'un homme soit tombé sous le malheur preveu. ib.

938) Il ne faut que celuy qui ne fait mal se cache. G. Ae. 1601.

939) alium silere quod voles primum sile. S. Ph. 884.

940) Ce qu'on veut que quelcun taise fidellement Le faut soymesme taire, il est sçeu autrement. G. H. 1675, 76.

941) Il ne faut la personne, ains la chose peser, Et selon qu'est l'advis le prendre ou refuser. G. Ae. 2022, 23.

942) Lors que l'esprit sent deux contraires, il doit Choisir celuy qu'alors plus raisonnable il croit. J. D. 669-672 (166).

943) Or la raison, par qui enfans des dieux nous sommes, Suit plustost le parti des grands dieux que des hommes. ib.

944) qui timide rogat, docet negare. S. Ph. 601, 2.

945) Qui froidement demande à quelcun, il l'advise De luy faire refus de la chose requise. G. H. 1317, 18.

946) Qui promet quelque chose, il y doit satisfaire. G. H. 544.

947) La promesse obliger ne doit, Quand elle est faite contre droit: G. H. 1923 ff.

948) Et celuy n'offense, parjure, Qui refuse le don promis, Où il s'est librement soubmis, Si c'est de commettre une injure. ib.

949) C'est se decevoir seulement Que promettre, et fust-ce un serment, Quand on engage sa parolle D'autre chose qu'on ne cuidoit: ib.

950) Si c'est promesse, elle se doit Appeller promesse frivole. ib.

951) L'entreprise est heureuse Qu'on n'execute point d'une main paresseuse. J. D. 169, 170 (151).

952) Du premier coup le bœuf au joug ne s'apprend pas; Le fier poulain ne reigle au premier coup ses pas. Mais ores on les flate, ores on eguillone, Tant que l'un au collier, l'autre au frain, se façonne. J. D. 1169-1172 (183).

954) Celuy fait bien qui fait à bonne fin. J. D. 1558 (193).
955) Il n'est rien impossible à celuy qui s'efforce. G. A. 427.
956) pars sanitatis velle sanari fuit. S. Ph. 254.
957) C'est presque guarison que de vouloir guarir. G. H. 812.
958) En vain taschent les vents de combattre les roches. J. D. 1566 (192).
959a) Ce que lon ne peut faire entreprendre on ne doit. G. Ae. 1606 ff.
959b) — Entreprendre il nous faut tout ce qui est de droit. ib.
960 ¹) quaecumque mentis agitat infestus vigor ea per quietem sacer et arcanus refert veloxque sensus. S. O. 754-56.
961 ¹) Le songe ne doit pas estre cause d'ennuy, Tant foible est son pouvoir quand il n'y a que luy. Ce n'est qu'un vain semblant, qu'un fantôme, une image Qui nous trompe en dormant et non pas un presage. G. H. 235-38.

---

1) § 11 fälschlich als 971 (970) citiert.

Index.

---

1. Übersicht über die besprochnen Gedankengruppen.

und S. 49. — Rotrou und Racine S. 57 Anm. 1.

Tugend.

Material S. 95 No. 721-747.

Tyrann, cf. Herrschaft.

Unglück und Kummer.

Material S. 77 No. 248-346. — Seneca S. 20 § 11 III, S. 23 § 13,4-6, — Jodelle S. 20 § 11, 21, 27, 28, S. 23 § 13-4-6, S. 38 § 27. — Lapéruse S. 50 § 39. — Garnier S. 20 § 11 III, S. 23 § 13,4-6. — Corneille S. 57 unten Anm. 1.

Vaterland.

Material S. 95 No. 711-715. —

Muretus und Grevin S. 48 § 36. — Garnier S. 36 § 24, S. 43 § 36.

Verbrechen, cf. Laster.

Weib.

Material S. 99 No. 821-831. — S. J. u. Garn. S. 22 § 11 VIII, S. 40 § 30.

Weisheit und Torheit, vernünftiges und unvernünftiges Verhalten dem Schicksal gegenüber: Apathie, Resignation, Stolz u. s. w.

Material S. 84 No. 431-464. — S. J. u. Garn. S. 21 § 11 IV, S. 31 § 23 — (Hardy S. 4).

Willensfreiheit, cf. S. 33 § 20.

2. Übersicht über die besprochnen Dichter.

Béze S. 55 § 43.

Buchanan.

Anklänge an Jodelle S. 52 Anm. 2. — Ähnlichkeit mit Seneca, Desmasures und Garnier S. 55 § 44. — B. vermittelt nicht zwischen Seneca und Garnier S. 58,3.

Chrestien, Florent S. 52 Anm. 2.

Corneille.

Mittelbarer und unmittelbarer Einfluss Seneca's S. 3. — Nachklänge Seneca-Garnier'scher Sentenzen S. 5, S. 57 unten, Anm. 1, S. 62 Anm. 1.

Delataille, cf. Lataille.

Desmasures.

Einfluss Seneca's, Anklänge an Garnier's Juifves S. 55 § 43, S. 56 § 44.

Garnier.

A. Verhältnis zu Seneca: Garnier als Übersetzer Seneca's S. 15 ff. § 6-10 (cf. S. 25 § 15). — Mit Seneca gemeinsame Gedanken und Vorstellungen S. 20 ff. § 11-14, S. 35 § 24 § 25, S. 39 § 29 (cf. hierzu S. 59,5). — Was deutet grade auf Seneca? S. 58,3. — Nicht benutzte Gedanken Seneca's

S. 25 § 15-17. — Von Seneca unabhängige Gedanken S. 31 ff., § 18, 19, 21-23, 26, teilweise § 24, 25. B. Abhängigkeit von anderen Poeten: Einfluss des Horaz auf manche Chöre Garnier's S. 60,6. — Teilweiser Einfluss Muret's S. 48 § 37, cf. aber S. 58,3. — Verhältnis zu Jodelle: 1) Gemeinsames S. 10 No. 1,2,3, S. 20 § 11, I-IV, S. 23 § 13, S. 31 § 18-20, S. 34 § 23. — 2) Unterschiede: S. 23 § 14, S. 35 § 24-28, § 29. — 3) Auffallende Anklänge des Antoine an Jodelle S. 51 § 40, 41. — Einfluss Grevin's auf die Porcie und Cornélie S. 47 § 35-36. — Wahrscheinlicher Einfluss mancher Sentenzen der beiden Lataille S. 43 § 32 ff. C. Einfluss Garnier's auf andere Poeten: auf Montchrestien S. 4. — auf Pierre Matthieu S. 57,2. — auf Hardy S. 4 ff. — Nachklänge bei Corneille S. 3, S. 5, S. 57 unten Anm. 1, S. 62 Anm. 1. — Nachklänge bei Rotrou-Racine S. 56 § 45, S. 57 unten Anm. 1.

Grevin.

Abhängigkeit von Muretus S. 48 § 36; wahrscheinlicher Einfluss Jodelle's

109

S. 46 § 34, S. 56 § 45. — Einfluss
auf Garnier S. 47 § 35 ff. — Einfluss auf Hardy (?) S. 56 § 45 [1].

Hardy.
Einfluss Grevin's (?) S. 56 § 45. —
Einfluss Garnier's S. 4. — Vermittelt
zwischen Garnier und Corneille (?)
S. 3 und S. 6.

Jodelle.
Gemeinsames mit Seneca S. 20 § 11
I-IV, § 12-14, S. 58,3. — Unterschiede
S. 31 § 18-25, S. 39 § 29. — Unter-
schiede von Garnier S. 35 § 24-29.
(Eigentümliche Gedanken Jodelle's
S. 38 § 27-29). — Anklänge an Jo-
delle: bei Lapéruse S. 50 § 39. — bei
Saint-Gelais S. 53 Anm. — bei Grevin
S. 46 § 34, S. 56 § 45 — Wahr-
scheinlicher Einfluss: auf Jacques de
la Taille S. 45 § 32. — auf Garnier's
Antoine S. 51 § 40, 41.

Lapéruse.
Verhältnis zu Seneca (L. als Vor-
läufer Garnier's) S. 49 § 38, 39. —
Anklang an Jodelle S. 50 § 39.

Lataille, Jacques de.
Übersetzt und benutzt Seneca S. 43

§ 32, S. 50 § 38. — Stilistischer Einfluss Jodelle's S. 45 § 32. — Einfluss auf Garnier (?) S. 43 § 32, 33.

Lataille, Jean de S. 55 § 43, S. 56
§ 45 [2].
Einfluss auf Garnier (?) S. 45 § 33.

Matthieu, Pierre.
Einfluss Garnier's S. 52, 2.

Montchrestien.
Verhältnis zu Seneca und Garnier
S. 4, S. 6.

Muretus.
Verhältnis zu Seneca S. 48 § 37,
S. 49 § 37. — Einfluss auf Grevin
S. 43 § 36, 37. — Einfluss auf Gar-
nier S. 48 § 37. — Vermittelt nicht
zwischen Seneca und Jodelle oder
Garnier S. 58, 3.

Racine.
Teilweise Abhängigkeit von Rotrou
und dadurch von Hardy, Garnier,
Grevin S. 56 §. 45, S. 57 Anm. 1.

Rotrou, cf. Racine.

Saint-Gelais (Trissino).
Anklänge an Jodelle und Garnier
S. 53 Anm.

3. Übersicht über den Gang der Untersuchung.

Einleitung S. 2.
Erster Teil der Abhandlung: For-
melles S. 8. — α) Vorkommen der
Sentenzen S. 9. — β) Stellung der
Sentenz in Chor, Akt u. Rede S. 10.—
γ) Die Träger der Sentenz S. 12.
Zweiter Teil der Abhandlung: Der
Gedankenkreis Jodelle's und Garnier's
u. Seneca's Einfluss auf denselben. —
1. Abschnitt: Der Einfluss Seneca's
auf Garnier's und Jodelle's Gedanken-

kreis S. 14. — α) Voruntersuchung
S. 15. — β) Übersetzungen u. Über-
tragungen S. 18. — γ) Gedanken und
Vorstellungen, welche den Franzosen
und Seneca gemeinsam sind S. 20. —
2. Abschnitt: Charakterisierung von
Jodelle's und Garnier's Gedankenkreis S. 24. — 1. Kapitel: Unterschiede der beiden Franzosen von
Seneca S. 24. — α) Voruntersuchung
S. 25. — β) Sentenzen Seneca's, die

---

1) Grevin's Einfluss auf Voltaire cf. Collischonn, in A. u. A. Heft 52.
Eine Vermittlung Garnier's zwischen Grevin und Voltaire ist, soweit ich
die Sachlage überschauen kann, ausgeschlossen.

2) Den Einfluss Seneca's auf Jean de la Taille's Gabéonites hat Kulcke,
Zs. f. nfr. Spr. u. Lit. B. 7 nachgewiesen.

Berichtigungen.

Folgende Flüchtigkeiten wurden bei der Correctur übersehen:

S. 1. Octaevus lies Oetaevus.
   G. Troades lies Latroade.
S. 38. Z. 8. zufällig lies beständig.
S. 44, im Chore Delataille's Z. 8 v. u. ou lies au.
S. 46. Z. 9 v. u. 169 lies 269.

S. 49. Z. 7 noxius lies noxia.
S. 57. Z. 8 v. u. Pfropfen lies Pfroffen.
S. 58. Z. 2 v. u. τυχή lies τύχη.
Die Anmerkung S. 43 gehört zum Chore Delataille's.

Früher erschienen: